안인희의
북유럽
신화
1

일러두기

1. 우리 책에 나오는 고유명사는 카를 짐로크(Karl Simrock)의 도이치 표기와 발음을 기준으로, 우리말 외래어 표기법에 따랐다. 북유럽 신화의 출전문서인 《에다》에 사용된 고대 북게르만어는 오늘날 사용하는 사람이 없는 말이다. 그나마 도이치 말은 같은 뿌리에서 나온 게르만 언어권에 속하는 것으로서, 영어보다 훨씬 더 원어에 가깝다.

2. 보통명사가 그대로 고유명사로 변한 것들 중에는 원래의 뜻이 살아있는 경우가 있다. 이럴 때는 짐로크 텍스트와 다른 텍스트의 용례에 따라 고유명사로 쓰거나 아니면 뜻을 받아들였다. 또는 일부에서는 두 가지를 모두 제시하였다.

3. 도이치 말 표기도 책에 따라 조금씩 다르다. 《에다》에 나오는 일부 낱말들이 보통의 도이치 사람들이 발음하기 어려운 철자를 포함하기 때문에 중요한 이름들이 일부 변형되었다. 변형된 형태를 받아들인 경우에도 가능한 원어 표기를 '용어 설명'에 싣고 우리말 발음도 함께 실었으니, 누구든 그것을 참고할 수 있을 것이다.

안인희의
북유럽 신화
1

신들의 보물과 반지의 저주

웅진 지식하우스

저자의 말

낯설고도 친숙한 세계,
북유럽 신화로의 여행

| 1 |

그리스 신화는 알프스 산맥 이남 지중해 지역에서 매우 일찍 생겨난 신화고, 북유럽(게르만) 신화는 그와는 별개로 알프스 산맥 이북의 광범위한 유럽 지역에 옛날부터 퍼져 있던 종교이며 신화다. 시기적으로 그리스 신화가 훨씬 앞서 있다. 북유럽 신화에 등장하는 신들도 기원전부터 이미 여러 게르만족들 사이에서 섬김을 받았을 것으로 생각되지만, 아주 뒤늦게야 문자로 정착되었다.

그리스 신화는 기독교보다 훨씬 먼저 생겨나 문자로 표현되었고, 기원전 8세기 이전에 쓰여진 호메로스의 서사시 《일리아스》, 《오디세이》, 헤시오도스의 《신들의 계보》를 주요 출전으로 삼는다. 북유럽 신화는 기독교가 북유럽에 널리 전파되기 이전에 수많은 게르만족들이 발원했던 스칸디나비아 반도와 덴마크 지역을 중심으로, 아이슬란드, 독일, 브리튼 섬, 프랑스 등 광범위한 지역에 퍼졌고, 또 그곳을 무대로 삼고 있다. 신화의 일부에는 러시아와 동유럽 지역도 등장한다. 《옛 에다》(800~1200년)와 《스노리 에다》(13세기)가 주요 출전이다. 다만

《에다》를 쓴 시인들이 기독교로 개종한 지식인들이라 기독교의 영향이 에다에도 스며들었다.

호메로스의 서사시에는 수많은 신들이 등장하지만 근본적으로 그것은 인간의 이야기다. 잔인하면서도 고귀한 영웅들과 아름다운 여인네들의 행위와 감정이 이야기의 궁극적인 핵심을 이룬다. 신들의 혈통을 다룬 헤시오도스의 글은 양이 얼마 되지 않는다.

북유럽 신화는 인간 영웅들이 본격적으로 등장하기 이전 신들과 거인들의 다툼을 주로 다룬다. 신들과 거인들이 인간의 특성을 일부 보이기도 하지만 근본적으로 온갖 초인적 존재들의 이야기다. 그들이 몰락하고 난 뒤에 비로소 본격적인 인간들의 세계, 곧 중간계의 이야기가 시작되는 것이다.

북유럽 신화에는 죽기까지 서로 대립하는 세력들, 수많은 형태의 내기와 지혜 겨루기, 보물, 모험, 맹세, 독특한 세계 공간, 예언과 싸움과 몰락 등이 등장한다. 오늘날 게임이나 애니메이션, 영화 등에 흔히 나타나는 것과 동일하거나 아주 비슷한 기본 구조이다. 곧 북유럽 신화에는 현대 문화산업 콘텐츠의 기본 골격들이 상당수 포함되어 있다는 말이다. 북유럽 신화가 오늘날 우리의 관심을 사로잡는 가장 큰 이유가 바로 이것이다.

| 2 |

북유럽 신들은 전혀 완벽한 존재들이 아니다. 이미 몰락이 정해진 신들이 완벽할 리가 없다. 지혜의 신이자 최고신 오딘은 애꾸눈이다. 생각해보라. 지혜가 외눈뿐이라면 대체 그 지혜가 어떤 것이겠는가?

그가 외눈이 된 사연이 무엇이든 이런 서술에는 짓궂은 심술과 비꼬기가 숨어 있다. 오딘 신이 거느리고 다니는 까마귀 두 마리와 늑대 두 마리도 마찬가지다. 이들은 모두 불길한 짐승들이다. 오딘이 전쟁의 신이기 때문에 불길함을 받아들인다 해도 늑대 두 마리는 끝 모르는 욕심을 나타낸다. 이 또한 신의 모습으로는 매우 부정적이고 비도덕적이다.

지혜 자체를 상징하는 거인 미미르는 나중에는 몸통은 다 버리고 머리만 남는다. 또는 민회의 신으로서 재판과 맹세의 신인 티르는 맹세할 때 쓰는 오른손을 잃어버린 외팔이 신이다. 사랑의 여신 프라야는 잃어버린 남편을 찾아 온 세상을 돌아다니고, 결혼을 수호하는 여신 프리크는 남편 오딘의 바람기로 애를 태운다. 평화의 신 프라이는 거인 여자에게 구혼하느라 하나뿐인 칼을 내주어서 칼도 없다. 가장 아름다운 신 발데르를 남편으로 얻고 싶었던 스카디 여신은 신들 중에서 가장 나이가 많은 뇨르트를 남편으로 얻는다. 거인을 때려잡는 신 토르는 자기 자신이 거의 거인과 같은 모습이다. 《삼국지》의 장비처럼 우직하고 많이 먹고 많이 마시고 의리도 있고 힘이 좋다. 이렇게 사내 중의 사내인 토르가 베일을 쓰고 거인에게 시집가는 이야기도 있다.

북유럽 신들이 아무리 몰락을 앞에 두고 이미 추락한 존재들이라고는 해도, 이들은 우리 자신과 동일시하기에는 너무나도 강력하고 거대하고 낯선 존재들이다. 그래서 이따금 신들의 행동에 공감을 느낄 수도 있겠지만 동시에 신들에 대한 거리두기 역시 미리부터 성취되어 있다. 친근하다고 말하기에는 너무 먼 것이다.

그러나 그들의 이름이 낯선 것뿐이지, 북유럽 신들이 활동하는 세계 공간이나 그들의 행동 패턴이나, 줄거리 유형은 그렇게까지 낯설지는 않다. 낯선 이름만 극복하고 보면 그들은 우리에게 꽤나 친숙하다. 영화, 애니메이션, 게임 등에서 이미 그런 구조를 자주 보았기 때문이다.

북유럽 신화가 비록 아이러니로 가득 찬 것이라 해도, 게임과 영화보다는 훨씬 더 진지한 장르다. 북유럽 신화는 진지한 문학작품이라는 그릇에 담긴 것으로, 오늘날 이른바 콘텐츠라 불리는 것들의 중요한 원천 중 하나이기 때문이다. 인류 공통의 근원적 사유형식인 원형(Archetypen)들을 여기서 만날 수 있고, 수많은 문학작품의 기본 골격과 주제를 이루는 모티프들도 여기서 만날 수 있다.

| 3 |

그리스 로마 신화는 몇 년 전부터 우리나라에서 큰 인기를 누리다 못해 아예 일반교양으로 자리 잡았다. 그런데도 그에 못지않게, 아니 그보다 더욱 재미있는 북유럽 신화는 널리 알려지지 않았다. 요즘 영화와 게임과 만화 등 문화 콘텐츠를 요구하는 분야가 큰 관심을 얻으면서 북유럽 신화에 대한 사람들의 궁금증이 더욱 커지고 있는데도 사정은 그리 달라지지 않았다.

나는 2003년에 출간된 《게르만 신화 바그너 히틀러》를 준비하는 과정에서 북유럽 신화에 깊은 관심을 갖게 되었다. 바그너의 안내를 통해 접하는 북유럽 신화는 정말 재미가 있었다. 하지만 국내에 소개된 책들은 무엇보다 수가 얼마 안 되고, 읽어도 얼른 이해가 되지 않았다. 뜻밖에도 영어나 도이치 언어권 책들도 크게 다르지 않다는 사실을 알게 되었다.

원래는 바그너에서 다음 단계의 도이치 문화현상으로 탐색 대상을 넓혀갈 생각이었지만, 도이치 문화의 중요한 원천인 북유럽 신화를 정리하지 않고는 여기저기서 어려움을 겪게 된다는 것을 깨달았다. 그래서 북유럽 신화로 거슬러 올라가 본격적인 탐색을 시작하였다. 다행히 독일에서도 최근에 새 책들이 나오고 또 옛날에 만들어진 신화 관련 책들도 다시 발간되고 있었다.

하지만 북유럽 신화를 본격적으로 탐색하면서 영웅들의 이야기는 빼고 신들의 이야기만 해도 매우 거대한 스케일을 가진 것임을 더욱 분명히 깨닫게 되었다. 게다가 가장 중요한 출전 텍스트인 《옛 에다》에는 이야기들이 앞뒤 맥락 없이 다짜고짜 늘어 놓여 있다. 다만 《스노리 에다》 제1부는 시간의 흐름에 따라 시작과 끝이 분명히 갈라져 있지만, 시작과 끝을 빼고는 또 다시 이야기들이 상당히 멋대로 늘어 놓였다. 그것 말고도 출전 문서의 이곳저곳에 흩어져 있는 내용들을 모아 하나의 배경이나 이야기로 구성해내기가 쉽지 않은 경우도 많았다.

이렇게 힘들게 모은 이야기들을 하나의 큰 틀로 묶는 과정이 아직 남았다. 처음에는 다른 책들처럼 나도 신들을 중심으로 이야기들을 나란히 이어놓았다. 하지만 출판사 편집자들은 그런 방식을 좋아하지 않았다. 편집자들의 의견을 받아들여 주제를 나누고 이야기를 전체적으로 새로 배치하였다. 그러자 전에는 미처 생각지도 못했던 수많은 요소들이 새로 발견되었고, 내용이 전보다 훨씬 재미있어졌다.

그래서 1권의 키워드를 '보물'과 '모험', 2권의 키워드를 '예언'과 '종말'로 정하고 지금처럼 두 권으로 나누었다. 보물, 모험, 예언, 종말은 실제로도 북유럽 신화를 가로지르는 키워드들이다. 여기에 딱 들어맞지 않는 신들의 이야기 일부를 2권에 넣었는데, 그것이 주제를 해치기보다는 오히려 무겁고 진지한 2권의 분위기를 잠시 밝게 만들어주는 효과를 내고 있다.

내가 재미있게 읽은 이야기들을 독자 여러분도 재미있게 읽기를 바라는 마음뿐이다. 이 책이 나오기까지 함께 애써주신 웅진 지식하우스의 최윤경 님과 김형보 님께 감사드린다.

2007년 1월
안인희

차례

✚ 저자의 말 : 낯설고도 친숙한 세계, 북유럽 신화로의 여행 ········· 4

1 맨 처음 세계

세상의 시작 ·· 15
세계를 지배하려는 신들의 다툼 ·· 25

2 보물을 찾아서

외눈박이 지혜의 신 오딘 ··· 39
오딘이 이그드라실에 매달린 까닭 ··· 51
탐욕의 기운, 황금열망 굴바이크 ··· 61
신들은 어떻게 보물을 얻었을까 ·· 65
난쟁이에게 황금 목걸이를 얻은 프라야 여신 ······························· 84
신들은 성벽을 얻고, 오딘은 명마를 얻고 ···································· 95
저주 받은 반지 | 반지 이야기 1 ·· 102
보물을 중개하는 불의 신 로키 ·· 122
달콤한 언어의 에센스, 시인들의 꿀술 ·· 132

마법 맷돌 그로티 144
땅을 얻은 게프욘 여신 150

✤ 보물 이야기 156

3 신들의 모험

거인들과 싸우는 천둥신 토르 165
오딘과 토르의 말싸움 171
체면 구겨진 토르의 사연 177
허풍선이 거인 흐룽니르 192
히미르의 세 가지 시험 202
제 꾀에 넘어간 거인의 왕 가이뢰트 214
거인 트림에게 시집간 토르 222
신과 난쟁이의 지혜문답 229

✤ 1권을 마치며 236

✤ 부록
 ◆ 용어 설명 · 239 ◆ 출전에 대하여 · 262 ◆ 참고문헌 · 267 ◆ 색인 · 269

맨 처음에는 아무것도 없었다. 하늘도 땅도 물도 없고, 빛도 어둠도 시간도 없었다. 아무것도 없는 곳에 오로지 추위와 더위만 있었다 고 그 둘 사이에는 그냥 텅 빈 공간이 있었다. 바닥도 천장도 없는 빈자리였을 뿐이다. 뒷날 사람들은 이 빈 공간을 '기눙가가프' 라고 불렀 찍한 더위를 만들어내는 불꽃의 바다는 '무스펠하임' 이라는 이름이었다. 추위와 맞닿아 있는 기눙가가프의 북쪽에는 거대한 얼음 장벽 북쪽 니플하임의 얼음에 틈바구니가 생겨 그곳에서 얼음이 조금씩 녹아 차츰 물줄기를 이루더니 그 물줄기가 거대한 아가리로 흘러 점 커져서 얼음 바닥이 되었다. 또한 남쪽 무스펠하임의 불꽃에서 나온 더운 기운도 기눙가가프로 들어왔다.

1

맨 처음 세계

이런 말을 하기는 무엇하지만, 그래도 오늘날 우리가 아는 식으로 방향을 정해보면 추위는 북쪽에, 더위는 남쪽에 자리 잡고 있었다. 그리 ...을 얻으면서 추위와 더위가 자리 잡은 곳도 이름을 얻게 되었다. 얼음과 눈이 자욱하게 된 북쪽의 추위 덩어리는 느툴하임, 남쪽에서 끔... 덩어 있는 남쪽에서는 계속 열기가 피어올랐다. 이렇게 오랜 시간이 흐르다가 기눙가가프에서 차츰 무슨 일인가가 벌어지기 시작하였다. ...차가운 물이라 흐르다 말고 도로 얼어붙었다. 이렇게 해서 기눙가가프의 북쪽은 얼어붙은 강이 되었는데, 시간이 흐르면서 얼음 강이 점

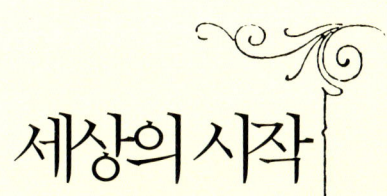

세상의 시작

✤ 태초암소와 태초거인

맨 처음에는 아무것도 없었다. 하늘도 땅도 물도 없고, 빛도 어둠도 시간도 없었다. 아무것도 없는 곳에 오로지 추위와 더위만 있었다. 땅도 하늘도 없는데 이런 말을 하기는 무엇하지만, 그래도 오늘날 우리가 아는 식으로 방향을 정해보면 추위는 북쪽에, 더위는 남쪽에 자리 잡고 있었다. 그리고 그 둘 사이에는 그냥 텅 빈 공간이 있었다. 바닥도 천장도 없는 빈 자리였을 뿐이다. 뒷날 사람들은 이 빈 공간을 '기눙가가프(Ginnungagap, 거대한 아가리)'라고 불렀다.

빈 공간이 이름을 얻으면서 추위와 더위가 자리 잡은 곳도 이름을 얻게 되었다. 얼음과 눈이 자욱하게 덮인 북쪽의 추위 덩어리는 '니플하임(Niflheim, 안개의 세계)', 남쪽에서 끔찍한 더위를 만들어내는 불꽃의 바다는 '무스펠하임(Muspelheim, 무스펠의 세계)'이라는 이름이었다. 추위와 맞닿아 있는 기눙가가프의 북쪽에는 거대한 얼음 장벽이 있었고, 더위와 맞닿아 있는 남쪽에서는 계속 열기가 피어올랐다.

이렇게 오랜 시간이 흐르다가 기눙가가프에서 차츰 무슨 일인가가 벌어지기 시작하였다. 북쪽 니플하임의 얼음에 틈바구니가 생겨 그곳에서 얼음이 조금씩 녹아 차츰 물줄기를 이루더니 그 물줄기가 거대한 아가리로 흘러들어왔다. 하지만 워낙 차가운 물이라 흐르다 말고 도로 얼어붙었다. 이렇게 해서 기눙가가프의 북쪽은 얼어붙은 강이 되었는데, 시간이 흐르면서 얼음 강이 점점 커져서 얼음 바닥이 되었다. 또한 남쪽 무스펠하임의 불꽃에서 나온 더운 기운도 기눙가가프로 들어왔다.

더 오랜 시간이 흐르고 마침내 기눙가가프 가운데쯤에서 남쪽의 불꽃과 북쪽의 서리가 만났다. 서리가 녹아 물방울이 되고, 물방울은 뜨거운 열기의 힘으로 생명을 얻었다. 그것은 천천히 거대한 인간의 모습이 되었다. 그가 곧 태초거인 이미르(Ymir)다. 뒤이어 서리 녹은 물방울에서 거대한 암소 한 마리가 저절로 생겨났다. 바로 태초암소 아우둠라(Audhumla)였다. 이미르와 아우둠라는 오늘날 우리가 사는 세계를 모두 구성할 만큼의 물질 덩어리로 이루어진 존재였다.

✤ 신과 거인의 조상

태초암소 아우둠라의 몸에서는 젖줄기 넷이 강물처럼 흘러나왔다.

태초암소 아우둠라가 핥아먹는 소금돌에서 신들의 조상 부리가 태어났다. 태초거인 이미르는 아우둠라의 젖을 먹고 살았다. N. A. 아빌고르의 그림, 1790년경.

태초거인 이미르는 아우둠라의 젖을 먹고 살았다. 거대한 공간에서 암소와 단 둘뿐인 이미르는 별로 할 일도 없고 하여 암소의 젖을 먹고 나서는 주로 잠을 잤다. 암소는 소금기가 섞인 돌을 핥아먹고 살았다.

암소가 소금돌을 핥자, 첫째 날 돌에서 머리카락이 삐죽이 솟아나왔다. 둘째 날 돌에서 남자의 머리통이 생겨났고, 셋째 날 돌은 완전한 남자가 되었다. 뒷날 사람들은 이렇게 소금돌에서 생겨난 남자를 '부리(Buri, 아버지)'라고 불렀다. 이 남자가 바로 신들의 조상이다.

그는 크고 강하며 아름다웠고, 남자이면서 동시에 여자이기도 했다. 그래서 아내도 없이 혼자서 '뵈르(Bör, 아들)'라는 아들을 낳았다. 뵈르는 뒷날 거인 여인 베스틀라(Bestla)와 짝을 이루어 오딘(Odin), 베(We), 빌리(Willi)라는 세 아들을 얻었다. 이 중 오딘이 수많은 아제 신들(Asen)의 아버지, 신들을 다스리는 최고신이 된다. 하지만 이것은 먼 뒷날의 일이다.

그 사이 태초거인 이미르는 젖을 먹고 열심히 잠을 잤다. 자면서 이미르는 땀을 흘렸다. 그의 왼편 겨드랑이에서 흐른 땀으로부터 남자와 여자가 나왔다. 그리고 그의 발도 다른 발과 짝짓기를 해서 아들을 낳았다. 태초거인 이미르의 땀에서 태어난 남자와 여자는 거인들의 조상이다. 아직 오늘날과 같은 세계가 생겨나기 이전에 기눙가가프에서는 태초암소와 태초거인의 자손들이 차츰 늘어났다. 뵈르의 아들은 몇 되지 않았지만 거인들의 수는 빨리 불어났다.

이 이야기에서 우리는 북유럽 사람들이 생각한, 태초의 생명을 만들어낸 조건들을 추적할 수 있다. 먼저 추위와 더위, 곧 얼음과 열기, 여기에 소금기가 덧붙여졌다. 곧 물과 소금(또는 바닷물)에 온도의 변화가 더해져 생명이 생겨난 것이다. 이런 생각은 생명이 바다에서 생겨났다는 현대 과학의 설명과 별로 다르지 않다.

✢ 세계의 창조

뵈르의 아들들은 거인들이 이렇게 많아지는 것에 차츰 불만을 느꼈다. 태초거인 이미르가 아직도 잠을 자면서 땀을 흘려 거인들이 계속 생겨나고 있었다. 오딘과 형제들은 점점 더 참기가 힘들었다.

"아무짝에도 쓸모없는 놈이 거인만 자꾸 만들고 있네."

이렇게 생각하다가 마침내 뵈르의 아들들이 거인 이미르를 죽였다. 이때 거인의 몸에서 엄청나게 많은 피가 흘러나와 그 피가 바다가 되었다. 태초암소는 이 바닷물에 파묻혀 버렸고, 거인들도 모조리 빠져 죽었다.

오로지 거인 베르겔미르(Bergelmir)만이 아내와 함께 배에 올라타 간신히 살아남았다. 이렇게 살아남은 거인 부부에게서 새로운 거인족이 생겨났다. 따라서 베르겔미르 부부는 앞으로 등장하는 모든 거인의 실질적인 조상이다.

오딘과 형제들은 죽은 이미르의 몸을 기눙가가프에 채워넣고 그것으로 이 세계를 만들었다. 피가 다 빠져나간 몸은 굳어서 단단한 땅이 되었다. 신들이 이 땅을 바다 가운데 고정시켰다. 그래서 바다가 땅을 빙 둘러싸게 되었다.

이미르의 뼈는 산과 낭떠러지가 되고, 작은 뼈와 이빨 들은 돌덩이가 되고, 머리카락과 털은 나무와 풀이 되었다. 마지막으로 두개골만 남았는데, 신들이 이것을 땅 위에 덮어씌워 하늘을 만들었다. 신들이 두개골 속의 뇌수를 공중에 흩뿌리자 하늘을 떠가는 구름이 되었다.

또 신들은 죽은 이미르의 살 속에 생겨난 구더기로 난쟁이들을 만들었다. 난쟁이들은 땅속에 살면서 귀한 돌들을 모아 가공하여 보물을 만드는 대장장이가 되었다. 신들은 난쟁이 넷을 붙잡아다가 세계의 네 귀퉁이에 세워 동, 서, 남, 북을 만들었다. 그리고 남쪽 무스펠하임에서 불꽃들을 가져다가 하늘에 박아 별을 만들었다.

여기서 우리는 신과 거인과 난쟁이 들의 기원을 읽을 수 있다. 신과

오딘과 그 형제들은 태초거인 이미르를 죽여 그의 몸으로 땅을, 그의 피로 바다를, 뼈로 산과 낭떠러지를, 머리카락과 털로 나무와 풀을 만들었다. 험준하고 웅장한 산맥도 이미르의 뼈와 머리카락이다.

거인은 상당히 대등한 존재로 거의 사촌 관계라고 할 수 있다. 특히 부리의 아들 '뵈르'가 거인 여인과의 사이에서 오딘과 형제들을 낳았기 때문에 신들의 기원에는 거인의 속성이 일부 들어 있다. 하지만 난쟁이들은 약간 다르다. 이들도 초인적인 존재이기는 하지만 그래도 신들이 만들어냈기 때문이다.

    북유럽 신화에서 이 모든 것에 앞서 가장 먼저 존재하는 것이 추위(어둠)와 더위(빛)다. 이어서 등장하는 태초거인 이미르가 우리 삶의 터전을 이루는 세계의 바탕 재료이다. 바다와 산, 하늘과 땅과 돌, 땅속에 묻힌 귀한 보석과 나무와 풀은 모두 거인의 몸으로 만들어진 것이다. 따라서 바다의 파도와 험한 폭풍, 무서운 번개 비와 천둥, 사나운 바람, 지진과 화산 폭발도 태초거인의 몸에서 일어나는 일이다. 자연의 4대 원소(물, 불, 흙, 공기)가 여기에 다 들어 있다.

원료 상태의 자연(태초거인 이미르)을 나누고 갈라 거기에 질서를 부여한 존재가 바로 신들이다. 그들은 자연의 힘을 적절하게 조절해 인간이 살 수 있는 환경을 만들어냈다. 창조신화에 등장하는 거인 이미르는 세계의 재료이고, 신들은 이 재료를 이용하여 세계를 만들고 또 이 세계에 질서를 부여한 존재인 것이다.

✢ 늑대에게 쫓기는 해와 달

오딘과 형제들은 이미르의 몸으로 세계를 만들고 지배하기 시작하였다. 이 세계에서 거인들이 사는 곳은 요툰하임(Jötunheim)이라고 불린다. 그곳에 노트(Nott, 밤)라는 거인 여자가 살았는데 그녀는 특별히 검고 어두웠다. 그녀는 여러 번이나 결혼을 했다. 마지막으로 한 아제 신과 결혼하여 아들 다그(Dag, 낮)를 낳았다. 다그는 특별히 밝고 아름다웠다.

오딘은 노트와 다그를 찾아와 그들에게 제각기 말과 마차 하나씩을 선물하고는 그들을 하늘에 올려놓았다. 오딘의 명령에 따라 그들은 제각기 마차를 타고 열두 시간씩 번갈아 하늘을 달리게 되었다.

어머니 노트가 먼저 길을 떠났다. 그녀는 '서리 갈기(흐림팍시 Hrimfaxi)'라는 말을 타고 하늘을 돌다가 아침이 되면 땅으로 돌아오는데, 그럴 때면 힘차게 달린 말의 입에서 거품이 땅으로 떨어진다. 이것이 아침 일찍 들판에 내리는 이슬이다. 노트가 땅에 닿으면 이번에는 아들 다그가 길을 나선다.

다그는 눈부시게 빛나는 '빛의 갈기(스킨곽시 Skinfaxi)'라는 말을 타고 달리는데, 그 말의 빛이 온 세상을 환하게 밝힌다. 이들이 처음 여행을 한 뒤로 밤과 낮의 구분이 생겼다. 그래서 사람들은 시간을 알고, 날과 해를 헤아릴 수 있었다.

유럽의 많은 언어에서 노트와 다그는 밤과 낮을 나타내는 낱말이다. 밤과 낮은 영어로는 나이트(Night)와 데이(Day), 도이치어로는 나하트(Nacht)와 타크(Tag)이다. 밤과 낮의 기원을 설명한 이 이야기에서 밤이 여성으로 어머니이고, 낮이 밤의 아들이라는 생각은 우리의 음양사상과 통하는 부분이 있어 흥미롭다. 우리의 음양이 그렇듯이 여기서도 어머니인 밤이 먼저 등장한다.

밤이 타고 다니는 말 이름 '서리 갈기'에서 서리는 니플하임을 서술할 때 쓰이는 말로, 밤은 니플하임과 관계가 있다. 낮이 타는 말은 '빛의 갈기'인데, 빛은 무스펠하임의 불꽃과 관계가 있다. 우주의 두 원천인 추위와 더위가 대립하다 생명을 낳는 것처럼, 밤과 낮도 대립하는 어머니와 아들로 되어 있다. 곧 추위와 더위는 어둠과 빛의 원천이기도 하다.

밤과 낮이 생겼지만 그렇다고 이들이 곧 해와 달은 아니었다. 문딜파리(Mundilfari)라는 남자가 있었는데 그에게는 딸과 아들이 하나씩 있었다. 이들 오누이는 아주 아름다워서 아버지는 자식들을 몹시 자랑스러워 했다. 아버지는 딸을 '해(Sol)', 아들을 '달(Mani)'이라 불렀다. 신들은 건방진 문딜파리가 못마땅했다.

아제 신들은 이들 오누이를 데려다가 누이에게는 튼튼한 수말들이 그는 해마차를 주고 동생에게는 달마차를 주어서 제각기 하늘을 달리게 하였다. 이후 이들 오누이는 부지런히 마차를 몰고 하늘길을 달리게 되었다.

해마차를 끄는 두 마리 수말의 어깨 밑에 신들은 제각기 풀무 하나씩을 매달아주었다. 풀무에서 나온 차가운 바람이 힘차게 달리는 말들을 시원하게 식혀준다. 달은 하늘로 갈 때, 샘물이 담긴 물동이를 어깨에 멘 두 아이를 데려갔다. 우리는 하늘에서 달의 곁에 붙어다니는 두 아이를 지금도 볼 수 있다. 이들은 하늘길에서 자주 달을 앞서거나 뒤쫓아 다니는 금성(비너스)과 목성(주피터)이다.

우리 전래동화 〈햇님달님 이야기〉에서도 오누이가 해와 달이 된다. 이 점은 북유럽 신화와 같다. 하지만 우리는 해를 양(陽)으로 보기 때문에 사내아이가 해가 되고, 달을 음(陰)으로 보기에 여자아이가 달이 되는데, 서양 사람들은

문딜파리의 딸(해)은 늑대 스퀼에게 잡아먹히지 않기 위해 쏜살같이 해마차를 몬다. 그래서 세월은 잡을 수 없이 빠르게 지나간다. B.C. 1000년경.

이와 반대로 생각한다. 이것은 그들의 언어에서 해가 여성명사(도이치어로는 die Sonne)로, 달이 남성명사(der Mond)로 나타나는 것과도 관계있다. 그래서 북유럽 신화에서 낮과 밤은 우리와 똑같이 낮이 양이고 밤이 음이면서, 해와 달은 음양이 뒤집혀 있다.

한편, 인간들이 사는 중간계(미트가르트 Midgard) 너머 동편 숲에 거인 여자 하나가 살았다. 그녀는 많은 자식을 두었는데, 이들은 모조리 늑대의 모습을 하였다. 그들 중에서도 특히 큰 늑대 두 마리가 해와 달 오누이를 뒤쫓았다. 해를 쫓는 늑대는 스퀼(Sköll)이고, 달을 쫓는 늑대는 하티(Hati)이다. 해와 달 오누이는 늑대에게 잡아먹히지 않으려고 언제나 몹시 서둘러서 해마차와 달마차를 몬다.

이제 우리는 어째서 해와 달이 그렇게 빠른 속도로 하늘길을 달리는지 이해할 수 있다. 그들은 늑대에게 잡아먹힐까 두려워 있는 힘을 다해 마차를 몰기 때문에 세월이 그토록 빠르게 흐르는 것이다. 그것이 우리에게는 안타까운 일이지만, 그래도 이들은 아주 부지런히 달리지 않으면 안 된다. 늑대들이 해와 달을 삼키는 날이면 머지않아 세계가 끝난다는 예언이 있었기 때문이다.

세계를 지배하려는 신들의 다툼

❖ 바네 신과 아제 신

북유럽의 신들은 크게 보아 바네(Die Wanen)족과 아제(Die Asen)족의 두 혈통으로 나뉜다. 바네가 더 오래된 신들로 생각되는데 이들은 농업과 풍요의 신이다. 이에 비해 아제는 농업과 풍요와도 관계가 있지만, 주로 전쟁과 관계있는 신들이다. 흔히 최고신으로 꼽히는 오딘이 바로 아제를 대표하는 신으로 지혜와 전쟁의 신이다.

먼저 바네 신들부터 살펴보자. 바네들은 농경사회를 이루고 풍요와 평화를 무엇보다 중히 여긴 고대 덴마크 지역에서 주로 섬기던 신이다. 덴마크의 자연은 더 북부에 위치한 스칸디나비아 반도의 자연에 비해 훨씬 더 온건하고 평화로웠다고 한다. 그들이 섬기던 신도 평화를 좋아하고 상대적으로 온건하였다.

평화의 신인 바네 신들은 황금과 사치를 좋아하고, 꾀가 많고, 마법에 능하였다. 이들은 찬란히 빛나는 황금빛으로 등장하고, 삶과 쾌락을 사랑하고 속임수를 잘 썼다. '지혜로운 바네 신들'이라는 표현을 자주 볼 수 있는데, 이것은 아마도 이들이 마법에 능통한 것을 가리키는 말로 보인다. 평화의 시대에는 바네 신들이 최고신이지만, 전쟁의 시기가 닥치면 평화와 쾌락은 힘을 잃게 마련이다.

바네 숭배는 덴마크 땅에서도 비옥한 셸렌 섬에서 고틀란드를 거쳐 북부로 올라가 스웨덴의 웁살라에 이르렀다. 그리고 교역을 통해 브리튼 섬으로도 건너갔다.

바네 신들을 숭배한다는 것은 이들을 대표하는 프라이(Freyr) 신을 숭배한다는 것과 거의 같은 뜻이다. 스웨덴 웁살라 신전에 남아 있던 프라이 신상(神像)은 거대하게 발기한 남근을 가진 것이 특징이었다고 전해진다. 프라이가 풍요의 신임을 말해주는 부분이다. 또 바네 신들 사이에는 오누이가 혼인하여 자식을 낳는 관습이 있었다. 바네 신들은 서로가 복잡하게 뒤얽힌 일가친척이다.

대표적인 바네 신으로는 프라이와 누이동생인 프라야(Freyja), 그리고 바다의 신 뇨르트(Njörd)가 있다. 이들 셋은 모두 신들의 전쟁 이후 아제 신들에게로 넘어간다. 바다의 신 뇨르트는 대지의 여신인 누이 네르투스(Nerthus)와 결합하여 쌍둥이 오누이 프라이와 프라야를 낳았다. 그리고 프라이 신과 프라야 여신도 아제 신들에게로 오기 전에 서로 혼인한 사이였으리라 생각된다.

바네 신들은 평화를 중요하게 여기는 만큼 쾌락도 좋아했다. 신들의 전쟁에서 아제 신들에게 밀린 후로는 점점 중요하지 않게 되었다. F. 폰 슈타센의 그림, 1914년.

프라이(바네) 숭배보다 약간 늦게 오딘(아제) 숭배가 북유럽 지역에 전파되었다. 오딘 숭배는 라인 강 유역에서 시작된 것이라 한다. W. 콜린우드의 그림, 1890년경.

    이들은 모두가 풍요의 신이었다. 한 해의 풍요와 가을의 수확을 결정하는 태양이 바네 신들에게는 무엇보다 중요하였다. 바네 신들을 숭배하던 사람들에게는 황금이 태양을 상징하였다. 그들에게는 풍요를 수호하는 신들이 곧 하늘이자 태양이기도 해서 바네 신들의 상징물은 주로 황금으로 되어 있다. 프라이가 타는 황금 수퇘지 굴보르스테

(Gullborste), 프라야의 목걸이 브리징가멘(Brisingamen) 등은 황금과 밀접한 연관이 있다. 신들이 지닌 황금 상징물은 모두 하늘에서 지상을 환하게 비추는 태양을 뜻하였다. 황금이 태양을 나타낸다는 생각은 지구상의 여러 신화에서 빈번히 나타난다. 대표적인 것이 바로 잉카와 아스텍인데, 태양신을 숭배했던 제국 잉카는 황금의 제국이기도 했다.

오딘과 토르(Thor)가 대표하는 아제 신들은 바네 신들보다 훨씬 더 사납고 전투적이다. 프라이 숭배가 스칸디나비아 나라들에 들어갔을 때는 농업의 신인 천둥신 토르가 아직 그곳에서 최고신으로 숭배되고 있었다. 스웨덴 지역에서 토르는 뒷날 노르웨이 사람들이 믿었듯 거인들을 때려잡는 힘센 존재가 아니라, 천둥과 번개와 비를 다스리는 농업과 풍요의 신이었다. 그런 만큼 스웨덴 사람들이 바네 신들을 받아들이기는 그렇게 어려운 일이 아니었다. 바네들은 모두 풍요의 신이고 또한 즐거움을 나누어주는 신이기 때문이다.

바이킹족이 전성기를 맞이한 800년보다 훨씬 이전 아주 옛날에, 그러나 바네 숭배보다는 늦게 오딘 숭배가 이 지역에 전파되었다. 오딘 숭배는 라인 강 유역에서 시작되었다고 한다. 세월이 흐르면서 바네 숭배자들과 오딘 숭배자들 사이에 충돌이 일어나 전쟁이 벌어졌다. 서로 다른 신을 섬기는 사람들 간에 자주 전쟁이 일어났던 것을 우리는 역사에서, 그리고 오늘날도 볼 수 있다. 중세의 십자군 전쟁도 그랬고, 오늘날 팔레스타인 지역의 복잡한 사정도 그런 배경을 갖는 것이 아니던가? 옛날 북유럽에서도 같은 일이 벌어졌다. 그리고 오딘 숭배자들이 이 전쟁에서 승리하였다. 곧 평화의 시대가 지나가고 전쟁의 시대가 닥쳐온 것이다.

아제 신들을 대표하는 오딘은 전쟁에서의 죽음과 관계있는 신이다. 8~9세기에 전쟁을 좋아하는 노르웨이의 바이킹족이 알프스 산맥 북쪽의 유럽 세계를 상당 부분 점령하면서 오딘 신은 북유럽 최고신의 자리를 확고히 한다. 오딘 말고 주요한 아제 신들은 다음과 같다. 천둥신 토르, 오딘의 아내 프리크(Frigg), 민회의 신 티르(Tyr), 아름다운 신 발더(Balder)와 그 아내 난나(Nanna), 아스가르트(Asgard)의 파수꾼 하임달(Heimdall), 오딘의 형제인 회니(Höni), 토르의 의붓아들 울(Ull) 등.

북유럽 신화의 대표적인 세 신. 처음에는 천둥신 토르가 최고신의 자리를 지켰지만, 전쟁이 중요해지면서 전쟁의 신 오딘이 최고신의 위치를 차지하게 된다. 맨 왼쪽부터 오딘, 토르, 프라이. 태피스트리, 12세기.

✤ 신들의 전쟁

바네 신들과 아제 신들의 전쟁은 굴바이크(Gullweig, 황금열망) 여신으로 인해 시작되었다. 굴바이크 여신은 프라야 여신의 다른 이름이라는 설도 있다. 바네 출신인 굴바이크 여신이 무슨 까닭인지 아제 신들이 사는 아스가르트로 갔다가, 그들에게서 몹쓸 대접을 받았다. 아제 신들이 마법에 능한 이 여신을 고문하고 세 번이나 불에 태워 죽이려고 했던 것이다. 그렇지만 그녀는 세 번 모두 상처 하나 입지 않고 멀쩡하게 불에서 걸어 나왔다. 그러고는 아무렇지도 않게 아스가르트를 떠났다.

바네 신들은 자신들의 소중한 여신 굴바이크를 아제 신들이 푸대접한 것에 화가 났다. 그렇지 않아도 아제 신들이 온 세상을 멋대로 지배하려 들어 못마땅하던 참이었다. 바네 신들은 아제 신들과 대등하게 세상을 지배하고 싶었다. 그들은 사내다운 용기에서 아제 신들에게 전혀 뒤지지 않았고, 아제 신들에게는 아직 알려지지 않은 마법에도 능했다. 아스가르트를 정복하겠다는 것도 아니고, 그냥 대등하게 세상을 지배하겠다는 자기들의 뜻을 이루는 것은 별문제가 없어 보였다.

바네 신들은 전쟁 준비를 갖추고 아스가르트로 몰려갔다. 그러고는 아제 신들에게 대등한 권리를 요구하였다. 하지만 아제 신들은 그럴 생각이 아예 없었다. 전쟁을 좋아하는 아제 신들은 차라리 힘으로 상대를 바싹 눌러 꼼짝 못하게 하는 편을 더 좋아했다. 평화를 사랑하는 바네 신들을 힘으로 누르는 일은 그리 어려울 것 같지도 않았다.

오딘이 창을 적들에게 던지면서 전쟁이 시작되었다. 뜻밖에도 처음에는 바네 신들이 우세하였다. 그들은 생각보다 용감했고, 게다가 마법과 변신술이 아제 신들에게 큰 혼란을 불러일으켰던 것이다. 하지만 시간이 흐르면서 아제 신들이 싸움을 훨씬 더 잘한다는 것이 차츰 분명해졌다. 결국 바네 신들은 아제 신들을 당해내지 못하고 자기네 나라인 바나하임(Wanaheim)으로 도망쳤다. 아제 신들은 바나하임까지 따라와 그곳을 약탈하였다.

그러나 전쟁이 계속되면서 양쪽 모두 피해가 점점 커졌다. 결국 양쪽은 오랜 시간에 걸쳐 협상을 하고 마침내 휴전을 하였다. 그리고 휴전과 평화를 보장하기 위해서 양쪽이 각기 상대편으로 볼모를 보내기로 하였다. 바네 신들은 자기들 중 가장 훌륭한 신을 아스가르트로 보냈다. 뇨르트와 그 아들 프라이와 딸 프라야를 보낸 것이다. 아제 신들은 오딘의 동생 회니 신, 미미르의 샘을 지키는 지혜로운 거인 미미르(Mimir)를 바나하임으로 보냈다.

오딘은 손님 접대의 신이기도 하다. 그는 바나하임을 떠나 아스가르트로 온 바네 신들을 친절하게 맞아들여 아제 신들과 똑같은 자격으로 신들의 회의에 참석하게 해주었다. 그리고 아제 신들과 똑같은 권리와 의무를 부여하였다. 그래서 바나하임에서 온 뇨르트, 프라이, 프라야는 시간이 흐르면서 진짜로 아제 신들에 속하게 되었다. 이것은 바네 신들이 아제 신들 사이에 받아들여졌다는 뜻이다.

한편 바네 신들은 아제 출신인 회니를 자기들의 우두머리로 선출하였다. 회니는 키가 크고 기품이 있는 훌륭한 용모를 갖춘 신이었다. 그런 겉모습을 보고 바네 신들은 회니를 자기들의 우두머리로 삼은 것이다. 하지만 회니는 겉모습만 그럴싸할 뿐, 실제로는 지식과 지혜가 부족할 뿐 아니라, 무엇보다 결단력이 없는 신이었다.

회니 옆에 지혜로운 거인 미미르가 함께 있는 동안에는 아무 문제가 없었다. 올바른 결정을 내리도록 미미르가 도와주었기 때문이다. 하지만 미미르가 잠시라도 곁에 없을 때면 회니는 혼자서 아무런 결정도 내리지 못하고 다른 신들에게 그들끼리 상의해 결정하라고 대답하곤 하였다.

시간이 한참 흐르고, 회니의 훌륭한 겉모습 뒤에 별다른 지혜가 없음을 알게 된 바네 신들은 평화협상에서 자기들이 속았다고 느꼈다.

자기들은 가장 훌륭한 신들을 아스가르트로 보냈는데, 아제 신들은 멍청한 회니 신을 자기들에게 보낸 것이다.

그들은 속은 것이 분해서 앙갚음을 하였다. 그런데 그 앙갚음 방식이 이상하기 짝이 없다. 똑똑하지 못하고 우유부단한 회니는 그대로 두고 지혜로운 미미르의 머리를 잘라 아제 신들에게 도로 집어던진 것이다. 그래서 바네 신들은 지혜로운 미미르를 스스로 잃어버렸다. 아마도 회니는 아제이고 미미르는 거인이라, 차마 회니 신은 건드리지 못하고 미미르를 죽였던 모양이다. 실속으로야 지혜로운 미미르가 낫지만, 아제 출신인 회니를 죽였다가는 아제 신들이 다시 쳐들어올지도 몰라 뒷감당이 두려웠기 때문이다.

그 뒤로도 바네 신들과 아제 신들은 서로 완전히 화해하지는 못하였다. 어쩌면 화해가 필요 없었는지도 모른다. 잇따라 멍청한 결정을 내린 바네 신들은 점점 중요하지 않게 되어 이름도 없이 사라졌기 때문이다.

이 이야기는 스칸디나비아 반도에 있던 토르 또는 오딘(보단 Wodan) 숭배 문명권과 바네 숭배 문명권이 하나로 합쳐지는 역사적 사건의 흐름을 보여준다. 바네 신들은 자연의 힘과 생명의 생산력을 상징한다. 오딘 신은 전쟁 말고도 인간의 정신적 힘을 드러내는 측면이 강하다. 바네 신과 아제 신의 전쟁이 있은 뒤로 바네 신인 뇨르트와 프라이와 프라야는 아스가르트에 속하게 되었다.

쌍둥이 오누이 프라이와 프라야는 아스가르트로 오기 전에 바네 신들의 관습에 따라 아마도 혼인한 사이였을 것이다. 하지만 아스가르트에서는 오누이의 혼인이 금지되어 있었으므로 이들의 혼인은 무효가 되었다. 풍요와 평화의 신 프라이에 대해서는 그 뒤로 거인 여인 게르트(Gerd)에게 구애하는 이야기가 전해진다. 뇨르트 신도 거인 스카디(Skadi)와 결혼하는 이야기가 전한다. 프라이와 뇨르트는 원래 가장 중요한 바네 신들이었지만, 아스가르트에서 이들이 맡은 역할은 결혼 말고는 이렇다 할 것이 없다. 이것이 전쟁에서 패한 신들의 운명이었던 것이다.

아름다움과 사랑의 여신 프라야는 아스가르트에서도 가장 중요한 여신이 되지만 정체성이 미묘하게 흔들린다. 프라야는 자주 오딘의 아내 프리크와 혼동되거나 아예 동일한 여신으로 여겨진다. 그것 말고도 프라야 여신의 남편이나 애인 이야기는 혼란스럽기 이를 데 없다. 이 또한 바네 신들이 아제 신들에게 흡수되는 과정에서 생겨난 혼란 일부가 신화에 그대로 남은 것으로 보인다.

자구르트가 용을 죽이는 것을 멀리서 지켜보고 있던 레긴이 다가왔다. 자구르트는 용의 심장에 박힌 칼을 끄집어내는 중이었다. 레긴은 살인자다. 이제 네 잘못을 사죄하는 뜻으로 내 말을 잘 들어라. 용의 심장을 도려내 그것을 불에 구워서 내게 다오." 아무 생각 없이 레긴은 이제 와서 어쩌겠는가? 레긴은 말을 마치고 나서 무릎을 굽히더니 파프니르의 피를 마셨다. 기운이 약한 레긴은 형의 피를 마시고 용의 심장을 꺼내 불에 굽기 시작하였다. 커다란 심장을 이리저리 돌려가면서 구웠다. 이제는 익었겠지 생각하면서 잘 물렀는지 알아보려고 손가락으로 다친 손가락을 입으로 빨았다. 그는 이렇게 우연히 용의 피를 입에 넣었다. 용의 심장에서 나온 피가 혀끝에 닿자

2

보물을 찾아서

이 되어 자구르트에게 이렇게 말했다. "자구르트야, 네가 방금 칼로 찔러 죽인 용은 실은 내 형이다. 그러니 너는 내 형을 죽인 것이다." 자구르트는 이 말에 깜짝 놀랐다. 나쁜 용을 죽였을 뿐인데 자기가 레긴의 형을 죽인 셈이 자라고 하지만 이미 끝난 일을 어쩌랴. 용의 피를 마신 레긴은 그 자리에 그대로 쓰러져 잠이 들었다. 레긴이 잠이 들자 자구르트는 용의 몸에서 심장을 꺼내다가 심장에 붙어있던 뜨거운 지방분에 손가락을 데었다. 그는 깜짝 놀라 손가락을 얼른 입으로 가져갔다. 아이들이 혼자의 말을 이해할 수 있게 되었다.

외눈박이 지혜의 신 오딘

오딘 신은 세계를 만든 다음 인간을 만들고, 위험한 거인들에게서 인간을 보호하기 위해 거인과 인간이 사는 곳 사이에 경계도 만들었다. 또한 인간의 땅과 신의 세계 사이에도 적절한 경계를 두어 온 세상에 분명한 질서를 만들어냈다.

인간이 사는 곳은 신과 거인의 나라 중간에 자리를 잡았다. 그래서 미트가르트(중간계)라고 불린다. 중간계의 위쪽 하늘에 아제 신들이 사는 아스가르트(아제 세계, 하늘 세계)가 있고, 중간계의 성벽 바깥에 거인들이 사는 요툰하임(거인 세계)이 있었다.

오딘이 만든 세계 한가운데에는 거대한 물푸레나무 한 그루가 자라고 있었다. 이 나무는 중간계의 한가운데에 자리를 잡았는데, 굵은 나

세계나무 이그드라실은 그 뿌리와 줄기가 아홉 세계 모두에 닿아 있다. 어찌 보면 이그드라실은 곧 세계 자체를 상징한다고 볼 수 있다. 나무 조각, 8세기.

　나무줄기가 하늘로 높이 솟아 아스가르트 위로 뻗어 있었다. 그뿐 아니라 굵은 뿌리 하나도 아스가르트에 자리를 잡았다. 그 밖에도 나무의 줄기와 뿌리 들이 당시 존재하던 아홉 세계 모두에 뻗어 있었다. 그래서 사람들은 이 나무를 '세계나무' 또는 '이그드라실(Yggdrasil)'이라고 불렀다. 세계나무 이그드라실이 아홉 세계에 닿아 있다고 말하지만, 어찌 보면 이그드라실은 곧 세계 자체를 상징한다.
　세계나무는 세 군데 샘물에 뿌리를 적시고 있었다. 뿌리 하나는 하늘나라인 아스가르트의 샘물에, 또 하나는 멀리 떨어진 거인들의 땅

요툰하임의 샘물에, 그리고 나머지 하나는 북쪽 니플하임의 땅속 깊은 곳에 있는 샘물에 닿아 있었다. 아스가르트에 있는 샘은 '우르트 샘(운명의 샘)', 요툰하임에 있는 샘은 '미미르 샘(지혜의 샘)', 니플하임에 있는 샘은 '흐베르겔미르 샘(질투의 샘)'이었다.

세계나무에 대해서는 2권에서 더욱 자세히 설명하기로 하고, 여기서는 지혜의 신 오딘과 지혜의 샘 이야기를 먼저 들어보기로 하자.

세계나무는 멀리 요툰하임에 있는 미미르의 샘에도 뿌리 하나를 적시고 있었다. 요툰하임은 인간들이 사는 중간계 바깥에 있었다. 예로부터 세상에서 가장 지혜롭다고 알려진 거인 미미르*가 이 샘가에 살면서 샘물을 지켰다.

이렇게 외진 곳까지 찾아오는 이는 거의 없었지만, 누군가가 찾아온다 해도 샘물을 마실 수는 없었다. 지혜로운 거인 미미르가 아무에게도 샘물을 내주지 않았기 때문이다. 미미르는 지혜의 샘을 지키면서 혼자서만 샘물을 마시고, 시간이 길수록 점점 더 지혜로워졌다. 아제 신들과 바네 신들의 전쟁이 일어나기 이전의 일이었다.

아스가르트에 있는 우르트 샘은 신들 말고는 아무도 건드릴 수 없는 거룩한 샘이다. 중간계에서 아스가르트로 통하는 길은 오직 하나뿐이어서 어차피 아스가르트는 신들 말고는 아무도 쉽게 접근하지 못했다. 그것은 '비프뢰스트(Bifröst)'라는 무지개 다리였다. 이 다리는 마

---

* 미미르 또는 미메(Mime) : 바그너는 〈니벨룽의 반지〉에서 엉뚱하게도 미메를 검은 알프(난쟁이)들의 왕 알베리히의 동생인 대장장이로 만들었다. 4부작의 세 번째 작품인 〈지크프리트〉에서 미메는 희극적인 역할을 하는 난쟁이로, 원래 신화에서 지혜의 샘을 지키는 지혜로운 거인 미메와는 정반대 성격의 인물로 바뀌었다.

신들의 세계인 아스가르트로 통하는 길에는 무지개 다리 비프뢰스트가 놓여 있다. H. 헨드리히의 그림, 1890년경.

치 불타오르듯 빛나고 있었지만, 인간의 감각으로는 붙잡을 길이 없었다. 가까이 다가가면 사라지는 무지개였기 때문이다. 오로지 신들만이, 그리고 이따금 거인들만이 말을 타고 이 다리를 건너 하늘나라로 올라갈 수 있었다. 사람들은 종잡을 수 없는 이 다리를 '흔들리는 하늘길'이라 불렀다.

옛날에 오딘 신이 아직 젊은 시절에 지혜를 얻기 위해 미미르의 샘으로 찾아왔다. 하지만 거인 미미르는 오딘에게 샘물을 내주지 않았다. 아무리 오딘이 최고신이라고 해도 세상에는 질서가 있었으니 샘의 주인이 거절하는 일을 마음대로 어찌할 수는 없었다. 하지만 오딘은 지혜를 갈망하는 마음이 너무 커서 그대로 물러설 수 없었다.

"무엇을 대가로 내놓으면 샘물을 마실 수가 있겠나?" 오딘이 물었다.

"그 무엇을 내도 아니 되오. 지혜보다 더 귀한 보물은 세상에 없는 법이니."

"그래도 이대로 물러설 수는 없다. 나는 꼭 샘물을 마셔야겠으니."

지혜로운 거인은 오딘 신을 가만히 바라보았다. 당시 오딘은 체격이 아주 탄탄하고 늠름한 젊은이였다. 젊은 신의 강렬한 눈길이 간절한 소망을 담고 거인을 바라보고 있었다. 젊은이의 이글이글 불타는 눈길에는 깊은 사색의 성향이 나타나 있었다. 이렇게 젊고 잘생긴 젊은이에게 이런 성향은 특별한 것이었다. 상대방의 마음을 깊이 꿰뚫어 보는 듯한 젊은이의 눈길이 지혜로운 미미르의 마음을 흔들었다. 미미르는 눈을 끔벅이며 한참이나 생각에 잠겼다.

"글쎄, 지혜의 샘물에 버금가는 보물을 내놓는다면 샘물을 마실 수도 있겠지. 한쪽 눈을 내놓으면 어떻겠소?"

그 말에 오딘은 깜짝 놀라 뒤로 물러섰다. 어떻게 하면 좋을까? 눈 한쪽을 잃어버린다면 앞으로는 애꾸눈으로 살아야 한다는 뜻이었다. 그는 깊은 생각에 잠겼다. 지혜의 샘물을 마시는 것이 눈 한쪽을 잃어버리는 것보다 더 중요한 일일까? 답하기 어려운 물음이었다. 하지만 오딘은 이 세계의 질서를 잡아야 했다. 생겨난 지 얼마 되지 않은 이 세계에는 할 일도 많고, 게다가 질서를 위협하는 거인들도 아주 많았다. 그들을 적절히 통제하면서 이 세상을 다스리려면 지혜를 갖는 것이 꼭 필요했다.

오딘은 이미 지혜로운 젊은이였다. 지혜가 그토록 중요하다는 사실을 일찌감치 깨닫고 지혜를 얻으려고 열심히 노력하는 것만 보아도 알

지혜의 신 오딘은 더 큰 지혜를 얻기 위해 미미르의 요구대로 한쪽 눈을 내주고 지혜의 샘물을 마시게 된다. 지혜를 얻는 대가로 내놓은 오딘의 눈은 지혜의 샘 바닥에서 빛을 뿜으며 오딘이 미처 보지 못하는 곳까지도 바라보고 있다. 《스노리 에다》의 삽화, 1760년.

수 있다. 하지만 오딘은 더욱 큰 지혜가 필요했다. 미미르의 말이 옳았다. 지혜보다 더 귀한 보물은 세상에 없다. 더 큰 지혜를 얻으려면 지금 결단이 필요했다. 곧 희생이 필요했다.

마침내 오딘 신은 미미르의 말에 동의하였다. 자신의 한쪽 눈을 제물로 바치고 지혜의 샘물을 마시기로 한 것이다. 그는 한쪽 눈을 뽑아 샘의 바닥에 내려놓았다. 오딘은 전쟁의 신이기도 했다. 전투에서 입은 상처는 전사의 명예다. 그가 한 눈을 잃은 것은 지혜를 얻기 위한 싸움에서 얻은 영예로운 상처였다. 오딘 신의 눈은 물속 깊은 곳에서도 여전히 빛나고 있었다. 크나큰 희생을 대가로 치르고 나서 오딘 신은 지혜의 샘물을 마음껏 들이켰다. 미미르는 신의 상처를 치료해주었다.

그 뒤로 오딘은 언제든 이곳으로 와서 샘물을 마시고 지혜로운 거인 미미르와 이야기를 나눌 수 있었다. 샘의 바닥에서는 언제까지나 신의 눈 하나가 빛을 내고 있었다. 이렇게 해서 오딘과 미미르는 아주 가까운 친구가 되었다. 그리고 오딘 신은 지혜로운 거인 미미르만큼이나 지혜로워졌다.

오딘은 지혜의 신이다. 하지만 여기서의 지혜는 우리가 흔히 생각하는 지혜와는 약간 차이가 있다. 선불교와 도교의 전통을 가진 한국 사람들은, 지혜란 오랜 명상과 수행을 통해서 삶에 대한 깊은 깨달음을 얻는 일과 관계가 있다고 여긴다. 그것은 어떤 의미에서 삶에서의 적절한 체념과 절도를 포함하는 지혜이기도 하다.

그에 비해 게르만 사람들이 지혜라고 부르는 것은 정확한 정보와 인식에 바탕을 두었다. 먼저 많은 양의 정확한 지식을 얻고, 그것을 제대로 정리하여 상황에 알맞은 올바른 판단을 내리는 힘이 곧 지혜라고 생각한 것이다. 그러므로 지혜를 지니기 위해서는 무엇보다도 올바른 지식을 많이 얻어야 하는데, 그러기 위해서는 끈질긴 노력과 오랜 탐구와 경험이 필요하다.

오딘은 지혜의 신일 뿐 아니라 전쟁의 신이기도 해서, 절대로 뒤로 물러나거나 포기할 줄 모르고 마지막 순간까지 죽음을 무릅쓰고 싸운다. 따라서 여기서 뜻하는 지혜는 우리가 생각하는 동양적인 지혜가 아니라, 전쟁에서 이기기 위해 필요한 정확한 정보와 판단력과 예측 능력을 포함한다. 체념이나 절도가 아니라, 물러서지 않고 끝까지 싸우는 기개 또한 여기 속한다. 이것은 전략적인 지혜이며, 전쟁의 지혜이다. 물론 어떤 사람들은 삶을 전쟁이라고 생각한다. 그런 맥락에서 보면 오딘의 지혜는 삶의 지혜이기도 하다.

오딘이 미미르의 샘물을 마신 뒤로도 다시 한참 세월이 흐르고, 아제 신과 바네 신들 사이에 전쟁이 벌어졌다. 이 전쟁 이야기는 앞에서 이미 했다. 신들이 평화조약을 맺고 서로 볼모를 교환할 때, 아제 신들은 오딘 신의 동생 회니와 지혜로운 거인 미미르를 바네 신들에게 보낼 볼모로 선택하였다.

바네 신들은 잘생긴 회니 신을 보고 몹시 만족해서 그를 자기들의 우두머리로 뽑았다. 하지만 회니는 겉모습만 번지르르할 뿐, 지도자로서 꼭 필요한 지혜를 갖지 못한 신이었다. 지혜로운 거인 미미르가 함께 있는 동안에는 아무 문제 없었지만, 그가 잠시 자리를 비우기라도 하면 문제가 생기곤 하였다.

바네 신들은 회니의 머릿속이 비었다는 것을 눈치 챘다. 그들은 아제 신들에게 화가 잔뜩 나서 그 앙갚음으로 거인 미미르의 머리를 잘라 아스가르트로 집어던졌다. 아스가르트에 있던 오딘 신은 절친한 친구 미미르의 머리를 얼른 주워들었다. 피가 다 빠져나간 머리는 창백하기 그지없었다. 신은 죽은 거인의 머리를 가슴에 끌어안고 다정하게 쓰다듬었다. 원래도 못생기고 쭈글쭈글하던 얼굴은 죽어서 더욱 볼품이 없었다.

지난번 전쟁이 끝난 뒤로 아스가르트에는 세 명의 바네 신이 살고 있었다. 바다의 신 뇨르트와 그 아들 프라이 신 그리고 딸 프라야 여신이었다. 이들은 모두 마법에 정통하였다. 그 중 친절하고 아름다운 프라야 여신은 아제 신들에게도 마법을 가르쳐주었다. 대부분의 신들은 관심이 없어서였는지 프라야 여신이 가르쳐준 마법을 제대로 익히지 못했다. 하지만 원래도 지혜로운 데다가 지혜의 샘물을 마셔서 더욱 지혜로워진 오딘 신은 달랐다. 그는 프라야 여신이 가르쳐준 마법을 열심히 익혀서 이세는 프라야 못지않게 마법에 통달했다.

오딘은 미미르의 머리를 가슴에 끌어안고 상처에 약초와 고약을 발라주고 마법의 주문을 외었다. 신은 이렇게 죽은 머리를 오랫동안 정성껏 보살폈다. 한참 시간이 흐른 다음 창백한 미미르의 머리에서 갑자기 눈이 열렸다. 그리고 입도 열리더니 말이 새어나왔다.

"지혜로운 오딘이여, 네가 나를 죽음에서 살려냈구나. 하지만 끔찍하게 머리만 남았네그려."

"지혜로운 미미르, 이제 살아났구나. 됐다. 머리만 있으면 어떤가. 네가 살아 있으니 나는 정말 마음이 놓인다."

북유럽 신화의 신들은 반드시 약속을 지켜야만 한다. 지혜의 신인 오딘도 약속을 지키고 대가를 치르기 위해 한쪽 눈을 내주었다. 청동 부조, 1950년경.

　신은 미미르의 머리를 그가 원래 있던 자리인 미미르의 샘가에 도로 가져다 놓았다. 미미르의 샘 바닥에는 오딘 신의 눈 하나가 빛을 내고, 샘가에는 미미르의 머리가 놓였다. 그 뒤로도 오딘은 혼자 해결하기 어려운 문제에 부딪히면 미미르의 샘으로 찾아와 샘물을 마시고 미미르와 상의하곤 했다.
　하지만 나중에는 세상일이 꼬이고 너무나 외로움을 느끼는 순간에도 미미르를 찾았다. 이따금 아주 다급할 때면 그는 미미르의 머리를 안고 함께 여행을 하기도 했다. 그 뒤로 미미르의 머리는 오딘 신의 상징물 중 하나가 되었다. 우리는 오딘 신이 애꾸눈이 된 사연도 잘 알고 있다.

　하지만 아무리 지혜를 얻기 위해서였다 해도 그렇지, 외눈만 남은 오딘이 세상을 얼마나 제대로 바라보고 판단할 수 있을까? 두 눈이 다 붙어 있어도 툭하면 세상일을 외통수로 바라보곤 하는데, 하필이면 지혜의 신이 외눈일까? 여기서 북유럽(게르만) 신화 특유의 아이러니가 나타난다. 지혜의 신은 외눈이고, 가장 지혜로운 거인은 머리만 남은 것이다.

하지만 우리는 삶에서 공짜가 없다는 것을 여기서 분명히 볼 수 있다. 최고신 오딘조차 지혜의 샘물을 마시기 위해서 자신의 한 눈을 바쳐야 했다. 간절히 바라는 무엇인가를 꼭 얻으려고 할 때 오랜 시간 노력해서 가능한 것도 있지만, 때로는 비싼 대가를 지불하고 얻어야 하는 것도 있는 법이다.

이것은 오딘이 수호하고자 하는 세계 질서의 바탕을 이루는 약속과 계약의 속성이기도 하다. 무엇이든 한번 약속이 성립되면 신이라도 그것을 깨지 못한다. 세상 어디에서도 그렇지만, 약속이나 계약은 특히 북유럽 여러 나라에서 예로부터 기본적인 사회적 관습의 하나이다. 그래서 바그너의 〈니벨룽의 반지〉에서 오딘/보탄은 계약을 수호하는 신이기도 하다. 오딘은 최고신이지만 자기가 만든 세계의 질서와 계약에 당연히 스스로도 복종해야 한다.

또 어떤 설에 따르면, 오딘의 얼굴에 남아 빛나는 눈은 세상의 모든 것을 비추는 해를 상징하고, 미미르의 샘 바닥에 놓인 오딘의 또 다른 눈은 둥근 보름달을 상징한다고 한다. 그러니까 오딘 신의 한 눈은 해 눈이고, 또 다른 눈은 달눈이다. 또는 낮눈과 밤눈이라고 할 수도 있다. 이렇게 해석하고 보면, 오딘 신은 밤과 낮을 다 볼 수 있는, 또는 삶과 죽음을 두루 볼 수 있는 두 눈을 가졌다고 하겠다. 어차피 미미르의 샘과 미미르의 머리가 모두 오딘 신의 것이라면, 미미르의 샘에 있는 그의 눈도 실은 그 자신의 것일 테니 말이다.

그렇다면 오딘의 달눈이 샘 바닥에 놓였다는 것은 오딘 신이 외눈으로 세상을 잘못 본다는 뜻이 아니라, 우리가 보통의 눈으로는 보지 못하는 밤과 죽음의 세계를 보느라 눈 하나를 다른 곳에 감추어둔 것이라고 해석할 수도 있다. 이런 뜻에서 오딘 신은 태양과 더불어 낮과 삶을 지배하고, 달과 더불어 밤과 죽음을 지배하는 신이라고 해야 할 것이다.

머리만 남은 미미르도 잘 따져보면 몸이 별로 필요 없다. 찾아오는 이 없는 미미르의 샘가에 앉아 있는 것이 그가 하는 일의 전부였으니까. 어쩌면 커다란 몸뚱이가 오히려 방해가 된다고 말할 수도 있다. 그는 어차피 싸우지도 않는다. 그의 특성이 지혜이고, 지식을 많이 축적하는 것이 지혜의 바탕이라면, 어쩌면 미미르는 머리만 있어도 좋을지 모른다. 그래서 오딘이 여행할 때 쉽게 지니고 갈 수도 있었으니, 오늘날로 치면 랩톱컴퓨터 비슷한 게 아닐까?

오딘이 이그드라실에 매달린 까닭

북유럽 신화에는 세계의 시작과 종말이 등장한다. 그것도 대단히 뚜렷한 윤곽을 지니고 등장한다. 시작과 종말이 있다면 그 중간이 있게 마련이므로, 이것은 신화의 세계에서 시간이 계속 흐르고 있다는 뜻이다. 다시 말하면 신들도 천천히 변하고, 또 나이도 들어간다는 뜻이다. 물론 인간처럼 순식간에 늙어 죽는 것은 아니고 인간에 비하면 훨씬 거대한 스케일이지만, 어쨌든 세월에 따라 변한다는 것만은 분명하다.

따라서 오딘 신도 이야기에 따라 조금씩 모습이 달라진다. 미미르의 샘물을 마시고 시간이 흐름에 따라 오딘은 더욱 지혜로워진다. 하지만 오딘은 지혜의 신이면서 전쟁의 신이기도 하다. 전쟁에서의 승리와 패배를 가르는 신이요, 각각의 전투에서 사람들의 죽을 운명을 결정하고, 용감하게 싸우다 죽은 사람의 영혼을 하늘나라 아스가르트에 있는 자신의 궁전 발할(Walhal)로 데려가는 신이다. 그러므로 그의 지혜는 우리가 생각하는 명상과 관조의 지혜만은 아니다.

오딘 신의 지혜는 때로는 두려움을 불러일으키는 무시무시한 모습을 띠기도 한다. 옛 북유럽 사람들은 오딘 신을 최고신으로 숭배하였다. 특히 전투를 좋아하고 또 잘했던 바이킹 전사들은 오딘 신을 광적으로 숭배하였다. 그러나 보통 사람들은 오딘 신을 숭배하면서도 두려워하여, 그의 이름을 자식의 이름에 붙이기를 꺼렸다. 오딘이 전투에서의 죽음과 연결된 불길한 신이었기 때문이다. 토르 신의 이름은 사람들의 이름에 자주 나타나지만 오딘의 이름은 거의 쓰이지 않았다고 한다.

오딘의 이름은 영어의 수요일인 Wednesday에 들어가 있다. 오딘은 '보단(Wodan)', '보탄(Wotan)' 등으로도 불렸는데, 수요일은 바로 '보단의 날'이라는 뜻이다.

이미 지혜를 지닌 신이었지만 더욱 깊은 지혜를 얻으려는 오딘 신의 열망은 끝이 없었다. 앞날을 멀리 내다보고 미리 대비하던 오딘 신은 언젠가는 신들에게도 종말이 닥쳐올 것을 예감하였다. 신들은 이둔(Idun) 여신이 보관하고 있는 젊음의 사과를 매일 먹는 덕분에 늙지 않고 영원한 젊음을 유지하였다.

하지만 이 세상에 태어난 것은 예외 없이 언젠가는 도로 스러지게 마련이다. 특별한 단계를 밟기는 했어도 신들 역시 아득한 옛날에 태어난 존재이다. 그러니 세상에 태어난 다른 존재들의 운명이 신들에게도 닥쳐올 것이 분명해 보였다. 신들도 아마 죽음을 피할 수 없을 것이다. 게다가 오딘 신은 신들의 종말이 예언되어 있음을 잘 알고 있었다. 어둡고 불길한 예언들이 세상에 돌아다니고 있었기 때문이다.

오딘은 이미 깊은 지혜를 얻어 세계의 모든 존재에 대해 잘 알고 있었지만, 죽음에 대해서도 더 잘 알고 싶었다. 그래서 지혜의 신은 이번에도 아주 이상한 선택을 하였다. 스스로 양쪽 겨드랑이 사이로 날카로운 창을 꽂아넣고 이그드라실의 가지에 매달린 것이다. 그의 갈비뼈를 좌우로 관통한 창이 나뭇가지에 걸쳐졌다. 그렇게 그는 먹지도 마시지도 않고 아흐레 동안 나무에 매달려 있었다. 그동안 그는 죽음 저편을 바라보았다. 아니, 오히려 그 자신이 그렇게 죽어 있었다. 삶과 죽음의 경계선에 머물면서 그는 옛날에 죽은 존재들도 만났다. 오래전에 죽은 부모와 자기가 죽인 수많은 존재들도 보았다.

오딘은 죽은 것처럼 되어서, 아니 정말로 죽어서 죽음 저편의 세계를 탐색한 것이다. 직접 죽음을 맛본 그에게 죽음 저편의 세계는 이제 더 이상 비밀이 아니었다. 그는 이 세계를 만들고 질서를 부여한 신이었다. 그리고도 눈 하나를 바치고 미미르 샘에서 지혜를 얻어 이 세계와 세계의 모든 존재에 대해 깊은 인식과 깨달음을 얻었다. 이제는 옆구리를 창으로 꿰고 세계나무인 이그드라실에 걸쳐져서 죽음 저편의 시간과 공간을 맛보고, 깊이 죽음을 명상하였다. 아흐레 밤낮이 완전히 지나고 나서야 그는 죽은 듯한 모습으로 나무에서 아래로 떨어졌다. 그리고 되살아났다.

그가 나무에서 내려왔을 때 그는 삶과 죽음을 넘나드는 이승과 저승의 온갖 지식과 지혜 그리고 루네 문자 마법에 통달하였다.

아흐레 밤낮을 이그드라실에 매달린 오딘은 온갖 지혜와 루네 마법을 얻었다. F. 폰 슈타센의 그림, 1914년.

 루네 문자를 쓰는 루네 마법의 핵심은 세상 모든 것의 이름을 말하는 것이다. 게르만 신화에서는 이름을 말하는 것이 곧 지식이다. 마법 역시 이름이나 사건을 제대로 말하고 글로 새기는 것과 더불어 시작한다. 이름에 마법의 힘이 들어 있고, 문자 자체가 곧 마법이다. 신의 이름을 제대로 부르면, 곧 신을 불러낼 수 있다. 이런 맥락에서 최고신 오딘의 이름이 수백 가지나 되는 이유를 이해할 수 있다. 그토록 많은 이름을 가졌다는 것은 그가 그만큼 강력한 신이라는 뜻이기도 하다.

 《에다(Edda)》에는 오딘 신이 터득한 삶의 지혜를 담은 노래가 들어 있다. 그것은 '오딘 신의 말씀'이라는 뜻인 〈하바말(Havamal)〉에 담겨 있는데, 이것은 실은 옛 게르만 사람들 사이에 전해지던 삶의 중요한 교훈이었다. 그것 말고도 그는 루네 문자로 된 비밀 노래, 곧 온갖 비법을 담은 주문도 익혔다. 그것은 열여덟 가지 비법을 담은 아홉 개의 루네 문자 노래였다.

이 중 오딘 신이 터득한 열여덟 가지 비법을 간단히 나열하면 다음과 같다.

1 | 서로 다투는 곳에 필요한 도움
2 | 병든 이를 고치는 법
3 | 적의 무기를 무디게 하는 법
4 | 적들이 나를 묶은 족쇄를 푸는 법
5 | 화살을 멈추게 하는 법
6 | 루네 문자가 새겨진 마법의 뿌리로 나를 공격하는 자를 막는 법
7 | 불길에서 사람들을 구해내는 법
8 | 서로 다투는 전사들을 화해시키는 법
9 | 풍랑이 일 때 바람의 방향을 바꾸어 바다를 잠잠하게 하는 법
10 | 마녀들을 쫓는 법
11 | 전투에 나서는 용사들의 방패에 불러주는 노래―용사를 보호한다.
12 | 처형당한 자를 도로 살려내는 법
13 | 소년에게 물을 뿌리며 불러주는 노래―전투에서 해를 입지 않는다.
14 | 모든 신과 요정의 이름
15 | 난쟁이의 지혜를 담은 노래
16 | 아름다운 처녀를 내 뜻대로 만드는 노래
17 | 고운 여자가 나를 거부할 수 없게 하는 노래
18 | 처녀나 유부녀 말고 나를 받아들여주는 여인 또는 누이에게만 들려주는 노래

이렇게 해서 오딘 신은 세계에 대한 깊은 지식과 인식을 통해 진정으로 최고신이 되었다. 그는 삶과 낮의 세계를 잘 알았을 뿐만 아니라 밤과 죽음의 세계, 죽은 자들의 세계도 모두 알게 되었다. 이제야 비로소 살아 있는 것과 죽은 것 모두를 지배하는 진짜 지배자가 된 것이다. 오딘 신은 죽은 자들을 불러낼 수도 있었다. 여기서 그의 지식의 상당 부분이 마법의 힘과 연관된 것임을 알 수 있다.

　이그드라실(Yggdrasil)은 고대 북부 게르만어로 '이그의 말(馬)'이라는 뜻이다. '이그(Ygg)'는 '무시무시한 존재'라는 뜻으로 오딘 신을 가리키는 수많은 이름 중 하나였다. 따라서 이그드라실은 '오딘의 말'이라는 뜻이다. 오딘이 이렇게 스스로를 창에 꿰어 세계나무의 가지에 아흐레 밤낮을 묶였던 일을 두고, 사람들은 세계나무에 이런 이름을 붙였다.

　또 어떤 학자들은 오딘 신이 이그드라실에 아흐레 밤낮을 매달려 죽어 있다가 다시 살아난 이 이야기를 놓고, 십자가에 매달렸다가 부활한 그리스도의 이야기에서 영향을 받은 것이라고 해석하기도 한다. 그렇게 보면 정말로 그런 것도 같다. 예수도 옆구리를 창으로 찔려 피를 흘리면서 나무로 만든 십자가에 매달려 죽었고, 죽은 지 사흘 만에 다시 살아났으니, 이그드라실에 매달렸다가 아흐레 만에 살아난 오딘 신의 이야기는 정말로 예수 이야기와 닮았다. 하지만 이 물음에 대해서는 이쯤에서 그만 덮기로 하자.

　오딘 신이 외눈이 된 사연과, 이그드라실에 죽은 채 매달렸던 일은 모두, 그의 신비롭고 어두운 측면을 드러내주는 이야기이다. 그의 지혜는 세상을 밝게만 보는 데서 오는 것이 아니라, 세상의 어두운 부분

오딘의 궁전 발할의 모습. '발할'이란 '전쟁터에서 용감하게 싸우다 죽은 전사들의 집'이라는 뜻이다.
F. 폰 슈타센의 그림, 1914년.

옥좌 흘리츠키알프에 앉아 있는 오딘의 초상. 탐욕의 상징인 늑대, 정보와 지식을 물어오는 까마귀 후긴과 무닌이 함께 있다. 한손에는 방패를, 한손에는 보물 궁니르를 들고 있는 전형적인 오딘의 모습이다. 19세기 그림.

과 죽음까지도 모두 바라보는 데서 오는 것이다. 옛 게르만 사람들은 우리의 삶이 빛과 낮과 생명으로만 채워진 것이 아니라, 어둠과 밤과 죽음도 삶의 일부라는 사실을 받아들였다. 덕분에 오딘은 밝음과 사랑으로 생명을 비추어주는 속성도 있지만, 죽음과도 깊이 연관되어 음산한 분위기를 풍기는 불길한 신이기도 하다.

그가 늘 데리고 다니는 까마귀 두 마리와 늑대 두 마리도 그의 불길한 측면을 강조해주는 상징처럼 보인다. 하지만 꼭 그렇지만은 않다. 까마귀들은 오딘의 지식과 사고력을 상징한다. 이들은 후긴(Huginn, 생각)과 무닌(Muninn, 기억)인데, 주로 정보를 모으는 오딘의 특성과 관계가 있다. 오딘은 아스가르트 가운데 자리 잡은 자신의 궁전 발할에 높직이 놓인 옥좌에 앉아 아홉 세상 모두를 굽어보고 세상에서 일어나는 일은 무엇이든 알았다. 오딘은 세상에 대한 모든 정보를 모아 그에 대해 곰곰 생각하고 모조리 기억의 창고에 저장하였다.

오딘 신이 이렇게 직접 보아서 세상일을 잘 알고 있는데도, 까마귀들이 더욱 정밀한 정보원 노릇을 하였다. 까마귀들은 그의 양쪽 어깨에 앉아 있다가 어디든 날아가, 세상에서 일어나는 일들을 자세히 살펴보고 다시 오딘의 양쪽 어깨로 돌아와 그의 귀에 대고 자기들이 본 것을 보고한다.

그에 비해 오딘 신의 발치에 앉은 늑대들은 오딘의 탐욕스럽고 포기할 줄 모르는 속성을 나타낸다. 이들은 프레키(Freki, 탐식하는 놈)와 게리(Geri, 욕심 많은 놈)이다. 오딘은 삶과 죽음에 대한 지식을 바탕으로 지혜를 원한다. 물론 지혜가 오딘의 가장 소중한 보물이다. 동시에 그는 세상의 온갖 보물과 권력을 사랑한다. 그리고 사랑도 포기하지 않는다.* 그는 이미 종말이 예언된 세계를 다스리는 신이다. 그러나 포기할 줄 모르는 오딘은 신들의 최후가 닥치는 그 순간까지 종말을 막기 위해 최선을 다한다.

정신적이고 지적이면서도 포기할 줄 모르는 오딘의 특성에는 위대하면서도 동시에 어리석은 속성이 들어 있다. 이런 특성은 그의 상징 동물인 까마귀와 늑대를 통해 더욱 구체적으로 드러난다.

오딘 신이 남긴 지혜의 말씀인 〈하바말〉에는 다음과 같은 경구가 나온다.

"남자는 적당히 지혜로워야지 지혜도 넘쳐서는 못쓴다.
지나치게 지혜로우면 그 마음이 밝아지기 어려우니."(54)

"남자는 적당히 지혜로워야지 지혜도 넘쳐서는 못쓴다.
아무도 제 운명을 미리 알지 못하니 그래야 근심하는 마음이 없다."(55)

하지만 오딘 자신이 이 경구를 어겼다. 그는 '적당히 지혜로운' 것이 아니라 '지혜가 넘치는' 신이었다. 그래서 그의 마음은 언제나 어둡고 근심으로 가득 차 있었다. 지혜가 넘쳐서 다가올 종말과 죽음을 미리 아는 마음이 어찌 밝을 수 있겠는가?

---

* 바그너의 〈발퀴레〉에서 보탄(오딘)은 이렇게 말한다. "나는 권력과 재물을 탐하였고, 사랑도 포기하지 않았다." 라인의 딸들에게서 황금을 훔친 알베리히는 그 황금으로 절대반지를 만들 능력을 얻기 위해 사랑을 포기해야만 했다. 그에 비해 보탄은 아무것도 포기하려 하지 않는다. 그리고 자신은 아무것도 포기하지 않은 채 반지의 주인인 알베리히에게서 공짜로 반지를 빼앗으려 한다. 바그너 작품의 출전인 북유럽 신화에서 이런 보탄의 욕심은 오딘의 특성인데, 늑대들은 바로 이런 특성을 상징한다.

탐욕의 기운, 황금열망 굴바이크

바네 신들과 아제 신들이 전쟁을 시작하기 전에 굴바이크라는 바네 여신이 아제 신들에게로 온 적이 있었다. 당시 바네 신들은 누구나 마법에 능했고, 그런 만큼 굴바이크 여신도 마법의 능력을 지녔다. '굴바이크(Gullweig)'는 '황금열망'이라는 뜻이다. 그리스 신화에서와 마찬가지로 북유럽 신화에서도 일반명사가 그대로 고정되어 신의 이름이 되는 일이 흔했다. 이름이 곧 신(神)인 것이다.

김춘수 시인은 〈꽃〉이라는 유명한 시에서 다음과 같이 노래하였다.

내가 그의 이름을 불러 주기 전에는

그는 다만

하나의 몸짓에 지나지 않았다.

내가 그의 이름을 불러 주었을 때
그는 나에게로 와서
꽃이 되었다.

이름을 갖기 이전 세상의 모든 것은 '하나의 몸짓'에 지나지 않지만, 우리가 이름을 만들어주는 순간 그 이름이 하나의 마법처럼 작용하여 거대한 의미가 생겨난다. 바로 '나'와의 관계에서 생겨나는 인간적인 의미를 얻게 되는 것이다. 이것은 인간의 말이 갖는 신비롭고도 위대한 힘인데, 이런 말의 힘은 신화에서 가장 분명하게 드러난다. 낱말 자체가 그대로 신의 이름, 곧 신이 되기 때문이다.

아제 신들을 찾아온 굴바이크 여신은 절대로 만족할 줄 모르고 한없이 황금을 갈망하는 마음이 여신으로 변한 존재였다. 굴바이크는 보물을 수호하는 여신이며, 신이나 거인이나 난쟁이나 인간이나 가리지 않고 그녀를 만난 누구나 보물을 갈망하게 만드는 힘을 지닌 여신이었다. 굴바이크 여신이 프라야 여신을 가리킨다는 설도 있다. 바네 신들은 모두 황금과 관계가 깊고, 그 중에서도 프라야 여신은 마법 및 황금에 깊이 연결되어 있으므로 이는 아주 이상한 말도 아니다.

굴바이크 여신이 온 뒤로 아제 신들 사이에도 황금과 온갖 보물을 탐내는 마음이 전염병처럼 퍼졌다. 이제는 남신이나 여신이나 가리지 않고, 심지어는 언제나 지식과 지혜를 갈망하는 최고신 오딘마저도 황금과 보물을 탐내게 되었다. 신들은 황금을 탐내는 마음만큼이나 황금을 어디서 어떻게 얻을 수 있는지도 알고 싶었다. 황금이 곧 권력의 원천임을 눈치 챘기 때문이다. 굴바이크에게 그 비밀을 물어보았지만 굴바이크는 알려주려고 하지 않았다. 신들은 그녀가 지닌 비밀은커녕 그녀의 정체조차 제대로 알지 못했다.

신들이 보기에 굴바이크는 위험한 존재였다. 보물을 탐내는 마음이 이렇게 모든 존재들 사이에 퍼졌다가는 온 세상이 보물 때문에 서로 싸우고 죽이는 사나운 전쟁터가 되고 말 것이기 때문이다. 신들은 굴바이크의 비밀을 알아내지도 못하였고, 또한 이 여신이 정말로 세상에 위험한 존재이기도 했기 때문에 그녀를 죽이려고 하였다. 신들은 그녀를 장작더미에 올려놓고 태워 죽이려 했지만 헛일이었다. 아제 신들이 그녀를 세 번이나 불에 태웠지만 그녀는 번번이 상처 하나 입지 않고 멀쩡하게 불길에서 밖으로 걸어 나왔다. 여신은 덤덤한 태도로 중얼거리듯이 이렇게 말했다.

"너희는 나를 죽이지 못해. 외려 나를 그리워할 것을……."

세 번째로 불길에서 되살아난 굴바이크는 신들을 비웃으며 아스가르트를 떠났다. 그녀가 떠났어도 황금과 보물을 향한 열망은 신들 곁을 떠나지 않았다. 마음에 한번 황금열망이 생기면 없애기가 쉽지 않으니 말이다. 굴바이크는 아스가르트를 떠난 다음 온 세상을 떠돌아다니며 황금열망을 널리 퍼뜨렸다. 굴바이크가 돌아다닌 이후로 황금을 탐내는 마음이 온 세상에 퍼졌다. 신들이 세 번이나 불에 태워 죽이려 했는데도 죽지 않은 마음이니 누군들 이런 열망을 이겨낼 수 있을까?

그러나 북유럽 신화에서 황금은 태양을 뜻하기도 한다. 황금이 누런색으로 빛나는 것이 태양과 닮았기 때문일까? 신들의 상징물에 특히 황금이 많은 것은 신들이 하늘에 살면서 세상을 다스리는 존재이기 때문이다. 신들의 보물은 온 세상을 환하게 비춘다.

지구상의 거의 모든 곳에서 신들의 조각상이 황금으로 만들어지거나 도금된 것을 보면, 황금열망 굴바이크 여신은 북유럽 세계만이 아니라 지구 전체를 돌아다닌 것이 분명하다. 심지어는 마음을 다스려 욕심을 버리고, 인연과 윤회의 고리를 벗어나 해탈의 경지에 이를 것을 설법하는 부처님의 조각상조차 자주 황금으로, 또는 적어도 황금색으로 장식된 것을 보라. 황금열망은 재물을 탐하는 마음이지만, 동시에 황금은 신들을 장식하는 것이자, 태양처럼 빛나는 신들을 숭배하는 인간의 마음이기도 하다.

신들은 어떻게 보물을 얻었을까

✣ 금발이 아름다운 지프 여신

천둥신 토르의 아내인 지프(Sif) 여신은 아름다운 황금색 머리카락을 언제나 자랑으로 여겼다. 아름다움과 사랑의 여신 프라야가 자신보다 더 아름답기야 하겠지만, 그래도 태양 빛을 받아 반짝이는 금발만큼은 자신의 것이 더 아름답다고 굳게 믿었다. 토르 신도 아내의 금발을 자랑으로 여겼다.

토르 신은 툭하면 거인들하고 싸우느라 집을 비우기 일쑤였다. 아스가르트에 있는 토르 신의 궁전은 방이 540개나 되는 훌륭한 궁전이었지만,* 그가 이 멋지고 거대한 궁전에 머무는 시간은 그리 길지 않았다. 토르는 신들과 인간들의 삶에 여러 가지 어려운 일을 만들어내는 거인들과 싸워 아스가르트의 신들을 그들로부터 보호하고, 또한 중간 계의 인간들을 보살피느라 바빴기 때문이다. 툭하면 못된 거인이 어디 선가 누군가를 못살게 굴었고, 그러면 토르 신이 거인을 물리치려고 달려갔다.

언젠가 토르 신이 거인과 싸우러 나가 이번에도 며칠이 지나도록 집에 돌아오지 않았다. 토르 신의 궁전은 문단속이 잘되어 있었다. 게다가 파수꾼 하임달 신이 밤새 잠을 자지 않고 아스가르트를 지켰다. 하임달은 새보다도 잠을 덜 자고, 그 눈은 밤에도 훤한 대낮과 똑같이 아주 먼 곳까지 바라볼 수 있으며, 그 귀는 양털과 풀이 자라는 소리까지도 들을 수 있을 만큼 밝았다. 눈 밝고 귀 밝은 하임달 신이 밤새 지키니 아스가르트에서는 어떤 침입자도 하임달의 눈길을 피해 가기는 어려웠다.

하임달 신이 이렇게 물샐틈없이 지키고 있는데도, 불의 신 로키(Loki)는 들키지 않고 토르 신의 궁전으로 몰래 숨어 들어갔다. 로키는 원래 변신술도 잘 썼으니 어쩌면 변신술을 썼는지도 모른다. 토르 신이 거인들과 싸우러 나갈 때면 로키 신은 자주 토르와 함께 가곤 하였다. 힘은 장사지만 단순한 토르를 잽싼 로키가 자주 놀리기는 했어도 그들은 사이 좋은 친구였다. 생각해 보라. 꾀쟁이 로키와 장사 토르가 힘을 합치면 정말이지 어떤 거인도 그들을 당할 수가 없었다.

그런데 이번에 로키는 토르와 함께 싸우러 가지 않고 아스가르트에 남았다. 그러고는 토르가 없는 틈을 타서 하임달도 모르게 궁전에 살

---

* 게르만 전통에서 숫자 3과 그 배수들은 아주 중요한 기능을 갖는다. 여기서 토르 궁전의 방의 개수도 3의 배수다. 로키가 신들의 보물을 가져오는 이 이야기 전체를 놓고 보아도, 보물이 세 개씩 두 번, 심판들이 세 명 하는 식으로 3이 반복됨을 쉽게 알 수 있다. 그 밖에도 옛날부터 수많은 문명에서 3은 거룩함을 나타내는 숫자이다.

그머니 들어가 지프 여신의 아름다운 황금색 머리카락을 싹둑 잘라가지고 나왔다.

깊은 밤 깊은 궁궐에서 파수꾼 하임달도 알아채지 못하는 사이에 이런 일이 벌어졌으니, 진짜로 무슨 일이 일어났는지는 로키 말고는 아무도 알지 못한다. 이 사건을 놓고 우리는 여러 가지 해석을 해볼 수 있다. 로키가 토르를 약 올릴 생각으로 잠든 지프 여신의 머리카락을 슬쩍 훔친 것이라고 아주 소박하고 순진하게 생각할 수도 있다. 하지만 그보다는, 지프 여신이 침대로 슬그머니 기어 들어온 로키를 잠결에 남편 토르로 여겼다고 생각할 수도 있다. 한 발 더 나아가 지프 여신이, 자주 집을 비우는 남편이 얄밉고 외로운 나머지 로키 신과 눈이 맞았다고 생각할 수도 있다. 이 중 어느 쪽이 맞는지는 알 수 없다.

하지만 어느 경우라도 지프 여신이 그토록 자랑스럽게 여기는 머리카락을 로키더러 베어가라고 자발적으로 내주었을 것 같지는 않다. 그러니까 지프 여신이 잠들어 있을 때 심술궂은 장난꾸러기 로키가 여신의 아름다운 머리카락을 훔쳐간 것이 분명했다. 다음날 아침 토르 신의 궁전에서는 한바탕 난리가 났다. 지프 여신이 밤사이 자기 침대에서 머리카락을 통째로 도둑맞았으니 이는 당연한 일이었다.

처음에는 누가 지프 여신의 머리카락을 훔쳐갔는지 아무도 알지 못했다. 정말로 귀신이 곡할 노릇이었다. 거인들과 싸우러 나갔던 토르 신이 때마침 집으로 돌아왔다. 거인들을 때려잡느라 피곤한 몸을 이끌고 집으로 들어가니, 머리카락을 몽땅 도둑맞은 아내가 스카프로 머리를 가리고 울고 있었다. 누구 짓인지는 아무도 모른다고 했다. 아스가르트에서 일어난 일이니 거인의 장난이라고 할 수도 없었다.

하지만 그 사이 경박한 로키가 벌써 입을 놀렸다. 세상에서 가장 아름다운 황금 머리카락이 어디 있는지 자기는 안다고 자랑삼아 슬쩍 떠벌린 것이다. 그러자 소문이 순식간에 퍼져, 토르 신의 궁전까지 들어왔다. 성격이 불같은 토르는 당장 로키를 찾아가 멱살을 붙잡고 그 자리에서 잡아먹을 것처럼 으르렁댔다.

"그래, 로키 이놈아, 세상에서 가장 아름다운 머리카락이 대체 어디 있단 말이냐?"

"이것 좀 놓고 말하자. 숨 막혀 죽겠다."

"마누라 머리카락이 제자리에 도로 생기지 않는 날이면 어차피 넌 죽은 목숨이야."

"그래, 알았으니 제발 이것 좀 놓아다오."

이 말에 토르는 겨우 멱살을 풀어주었다.

"당장 가서 지프의 금발 머리카락을 되찾아오너라. 머리카락이 머리에 도로 붙어서 잘 자라야 한다. 안 그랬다간 네 녀석을 살려두지 않을 테니. 뼈를 으스러뜨려 죽일 테다."

로키는 펄펄 뛰는 토르의 기세에 질려서 그러마고 약속을 하였다. 로키 신도 거인족 출신으로 힘이 만만치 않았지만, 기운이 천하장사인 천둥신 토르가 화가 나서 저렇게 펄쩍 뛰고 있으니, 이럴 때 그의 손에 잘못 걸렸다가는 정말로 뼈가 으스러질지도 모르는 일이었다. 하지만 한번 베어낸 머리카락을 어떻게 머리에 도로 붙이나? 어쨌든 로키는

천둥신 토르는 거인들과 싸우느라 자주 집을 비웠다. 보물 망치 묠니르를 손에 들고 천하를 호령하는 우람한 토르는 '돈너'라는 이름으로 바그너의 오페라 〈니벨룽의 반지〉에도 등장한다. 아서 래컴의 그림, 1910년.

길을 떠났다.

✤ 이발디의 아들들

굴바이크 여신이 아무에게도 알려주지 않았지만 불의 신 로키는 세상의 온갖 귀한 보물이 어디서 나오는지 알고 있었다. 황금과 온갖 귀한 돌들은 땅속 깊은 곳에 파묻혀 있다. 하지만 아무리 귀한 보석도 땅속에 있는 원석 그대로는 보물이 되지 못한다. 누군가 이 돌들을 캐서 잘 다듬고 가공하여 귀한 보물로 만들어내야만 한다.

땅속 깊은 곳 스바르트알프하임(Swartalbheim, 검은 알프들의 세계)에 사는 난쟁이들은 어디에 보석이 있는지를 잘 알고 있었다. 그들은 보석을 다듬는 솜씨가 좋은 대장장이이기도 했다. 그 중 몇은 정말로 솜씨가 뛰어났다. 로키는 불의 신이었으니 난쟁이들이 불로 보석을 다듬는 것을 모를 리 없었던 것이다.

또한 로키 신은 난쟁이들 중 누가 가장 솜씨가 좋은지도 잘 알았다. 토르 신에게 약속한 대로 지프 여신의 머리카락을 만들어 붙이기 위해서는 난쟁이들에게로 가야 한다는 것도 알고 있었다. 한번 베어낸 머리카락이 제자리에 도로 붙지 않을 것은 뻔한 일. 그러나 땅속 대장장이들의 솜씨는 그야말로 기가 막혔다. 그래서 로키 신은 베어낸 머리카락을 도로 붙이려 애쓰지 않고, 아예 난쟁이들에게 보물 머리카락을 새로 만들어 달라고 할 생각이었다.

그는 솜씨 좋기로 소문난 이발디(Iwaldi)의 아들들에게로 찾아갔다. 그러고는 난쟁이 대장장이들에게 사정 이야기를 했다.

"우리 마누라가 조심성 없게 그만 머리카락을 홀랑 태워먹었어. 그러니 원래 머리카락보다 더 아름답게 빛나는 금발을 만들어줄 수 있겠나? 머리에 감쪽같이 붙는 것이면 좋겠는데. 어찌나 울고불고하는지 원, 참을 수가 없다네."

"그야 로키님 부탁이라면."

솜씨 좋은 난쟁이들은 불의 신을 위해 이런 힘든 작업을 마다하지 않았다. 그들은 가느다란 황금의 실을 뽑아 그것으로 머리카락을 만들었다. 진짜 머리카락보다 더 부드러우면서도 머리카락처럼 질기고, 머리에 올려놓으면 저절로 달라붙어 계속 자라는 진짜 황금의 머리카락이었다.

대장장이들의 훌륭한 솜씨를 보자 로키에게 갑자기 엉뚱한 생각이 떠올랐다. 그는 난쟁이들의 솜씨를 조금 더 보고 싶었다. 게다가 신들이 사용하는 무기가 쉽게 망가지고 무뎌진다는 사실도 잘 알고 있었다. 그래서 내친김에 난쟁이들에게 부탁하였다.

"내 일찍이 소문은 들었다마는 이제 보니 너희들 솜씨가 정말로 좋구나. 어찌 이리 물건을 잘 만들 수 있을꼬? 기왕 솜씨를 보인 김에 신들을 위해 한두 가지 보물을 더 만들어주지 않겠나? 내 그것들도 함께 가져다가 아스가르트의 신들에게 선물하고, 너희 솜씨를 크게 자랑해주마. 신들이 너희 솜씨를 알아주면 너희에게도 나쁠 것이 없을 테니 말이다."

불의 신이 칭찬해주는 말을 듣고 으쓱해진 이발디의 아들들은 보물 두 가지를 더 만들었다. 하나는 '궁니르(Gungnir)'라는 창이었다. 이것은 아주 강하고 언제나 표적을 찾아가 맞히는 특별한 보물이었다. 다른 하나는 '스키트블라트니르(Skidbladnir)'라는 배였다. 이 배는 활짝

불의 신 로키는 불을 다루는 땅속 대장장이인 이발디의 아들들과 진드리·브로크 형제에게서 북유럽 신화에 등장하는 중요한 보물을 얻어낸다. A. 갈렌-칼레라의 그림, 1852년경.

펼치면 신들이 모두 탈 수가 있지만, 쓰지 않을 때는 잘 접어서 호주머니에 집어넣을 수도 있는 특별한 물건이었다.

이렇게 로키는 이발디의 아들들에게서 보물 세 가지를 얻었다. 아름다운 황금 머리카락, 마법의 창 궁니르, 접을 수 있는 배 스키트블라트니르였다. 그는 난쟁이들과 작별인사를 나누고 길을 떠났다.

✤ 로키와 난쟁이들의 내기

로키는 신이 나서 이 세 가지 보물을 가지고 아스가르트로 돌아가려고 하였다. 하지만 기왕 난쟁이들의 나라로 온 김에 이발디의 아들들에 못지않게 유명한 형제 대장장이인 진드리(Sindri)와 브로크(Brokk)도 한번 만나보고 싶었다. 그들의 솜씨는 대체 어떨까? 어느 쪽이 솜씨가 더 좋을까? 방정맞은 로키는 궁금함을 참지 못하고 진드리와 브로크 형제의 대장간으로 찾아갔다. 로키는 이발디의 아들들이 만든 보물 세 가지를 꺼내 그들에게 보여주었다. 그리고 이렇게 말했다.

"이발디의 아들들이 만든 이 보물을 좀 보아라. 세상에 이보다 더 훌륭한 보물을 만들 솜씨가 또 있을까?"

진드리와 브로크 형제는 황금 머리카락과 창 궁니르와 접었다 펼쳤다 할 수 있는 배를 자세히 살펴보았다. 이어서 동생인 브로크가 자기 형 진드리는 이보다 더 훌륭한 물건을 만들 수 있다고 큰소리쳤다. 로키 신은 그들의 솜씨가 궁금해서 참을 수 없었다. 그래서 슬그머니 그들의 자존심을 자극하는 말을 하였다.

"그래, 자네들 솜씨도 좋겠지. 나도 자네들 소문을 들은 적이 있어. 하지만 이렇게 훌륭한 보물을 만들 솜씨는 세상에 두 번 다시 없을 거야. 내 머리를 내놓고 맹세하지만 이 정도로 뛰어난 보물을 만들 솜씨는 없어."

로키의 말에 브로크가 불끈해서 대꾸했다.

"우리가 더 훌륭한 보물을 만들면 어떻게 하시겠소? 정말로 머리를 걸랍니까?"

"그야 물론이지. 자네들이 이보다 훌륭한 보물 세 가지를 만든다면 말이야."

"하지만 우리가 보물을 만든다면 어느 쪽이 솜씨가 더 좋은지 그걸 누가 판결합니까?"

"그야 이 물건들을 쓸 신들이 판결하면 되겠지."

"좋습니다. 그럼 우리도 신들이 사용할 보물 세 가지를 만들지요. 그런 다음 보물을 가지고 아스가르트로 가서 신들의 판결을 들어보십시다. 지는 편이 머리를 내놓는 거요. 우리가 만든 물건들이 못하다면 내 목숨을 내놓겠지만, 우리 것이 더 낫다면 당신이 머리를 내놔야 하오."

이렇게 해서 로키 신과 난쟁이 대장장이 브로크 사이에 내기가 시작되었다. 진드리 형제는 이발디의 아들들의 솜씨를 능가하기 위해서 있는 궁리를 다하여 훌륭한 보물을 만들기 시작하였다. 이들도 세 가지 물건을 만들었다. 황금털이 달린 수퇘지 '굴보르스테(Gullborste)', 황금 반지(또는 팔찌) '드라우프니르(Draupnir)', 쇠망치 '묠니르(Mjöllnir)'였다.

난쟁이들을 자극하느라 내기를 걸기는 했지만, 목숨을 걸어놓은 로키는 아무래도 마음이 불안해 난쟁이들이 보물을 만드는 동안 그들의 작업을 방해하기로 마음먹었다. 그는 파리로 변신해 기회를 엿보았다. 불의 신 로키에게는 변신 능력이 있었던 것이다.

솜씨 좋은 진드리가 황금털 수퇘지를 만들기 시작하였다. 진드리는 수퇘지 가죽을 용광로에 집어넣고 일을 시작하였다. 한참 일을 하다가 잠깐 쉬며 무얼 좀 먹으려고 동생 브로크에게 풀무질을 맡기고 밖으로 나갔다. 풀무질을 쉬지 않고 계속하기란 몹시 힘든 일이다. 진드리는 밖으로 나가며 동생에게 단단히 일렀다.

"풀무질을 잠시도 멈추어서는 안 된다. 풀무가 멈추는 일이 없도록 열심히 일해라."

브로크가 혼자 남게 되자마자 파리가 숨어 있던 곳에서 나와 풀무 손잡이를 잡은 브로크의 손을 따끔하게 쏘았다. 갑작스런 통증에 브로크는 하마터면 풀무를 놓칠 뻔했지만 다행히도 고통을 참고 풀무질을 계속하였다. 덕분에 진드리는 아무 일 없이 황금털 수퇘지를 만들었다.

다음으로는 황금을 용광로에 집어넣고 반지를 만들기 시작했다. 이번에도 진드리는 일하는 도중에 브로크에게 풀무질을 맡기고 잠시 밖으로 나갔다. 그러자 파리가 다시 브로크의 목을 힘껏 쏘아서 거의 풀무질을 멈출 뻔했다. 하지만 브로크는 가까

쇠망치 묠니르는 로키의 훼방으로 손잡이가 너무 짧게 만들어졌지만 천둥신 토르가 거인들과 싸울 때 언제나 위력을 발휘한다. 은제 장식, 10세기.

스로 고통을 참고 풀무를 계속 돌렸다. 밖으로 나갔던 진드리가 돌아와 훌륭한 반지를 완성하였다.

　마지막으로 진드리는 쇠망치를 만들었다. 진드리가 쇠를 용광로에 집어넣고 한참 일을 하다가 잠시 밖으로 나갔다. 이번에는 파리가 브로크의 양쪽 눈까풀 바로 위의 부드러운 피부를 쏘았다. 상처에서 피가 흘러내려 두 눈으로 들어가는 바람에 브로크는 앞을 볼 수가 없었다. 하는 수 없이 그는 풀무질을 잠깐 멈추고 한 손으로는 피를 씻어내고 다른 한 손으로는 파리를 쫓아냈다. 다행히 그 순간 진드리가 돌아와 일을 넘겨받기는 했지만, 브로크가 풀무질을 멈추었던 탓에 망치의 손잡이가 너무 짧게 만들어졌다.

　이렇게 진드리 형제도 보물 세 가지를 만들었다. 황금 수퇘지 굴보르스테는 뭍이나 바다나 공중을 가리지 않고 어디든 타고 날아다닐 수 있었다. 또한 언제나 사방을 황금빛으로 환하게 비추기 때문에 어두운 밤에도 멈추지 않고 계속 달릴 수 있었다. 황금 반지(또는 팔찌) 드라우프니르는 아흐레째 밤마다 똑같이 생긴 반지 여덟 개를 더 만들어내는 신비로운 마법의 반지였다. 그러니까 아흐레마다 아홉 개로 늘어나는 반지였다.* 마지막으로, 손잡이가 너무 짧아서 이상하게 보이기는 해도 쇠망치 묠니르는 거인들과 맞서 싸울 때 꼭 필요한 아주 튼튼한 망치였다.

　이제 로키와 브로크는 제각기 보물을 가지고 아스가르트로 가게 되었다. 로키는 이발디의 아들들이 만든 보물 세 가지를 들고, 브로크는

＊ 이 황금의 반지는 부담스러울 정도로 빠르게 불어나서인지 신화에 자주 등장하지 않는다. 그리고 뒷날 프라이가 거인 여인 게르트에게 홀딱 반했을 때, 프라이를 위해 구혼하러 갔던 스키르니르가 드라우프니르를 선물로 가져갔다는 말이 나온다.

형 진드리가 만든 보물 세 가지를 들고 길을 나섰다. 신들의 판결을 받아 결판을 내기 위해서였다.

✤ 신들의 판결

아스가르트에 신들이 모였다. 아스가르트에서도 가장 중요한 신인 오딘과 프라이와 토르가 로키와 브로크의 내기에 판결을 내리기로 하였다. 로키가 가져온 이발디의 아들들이 만든 보물과 진드리 형제가 만든 보물 중 무엇이 가장 훌륭하고 또 신들에게 가장 쓸모가 있는지를 가리는 판결이었다. 무엇이든 이발디의 아들들이 만든 보물이 가장 훌륭하다는 판결을 받으면 로키가 이기는 것이고, 진드리 형제가 만든 보물이 더 훌륭하다는 판결을 받으면 브로크가 이기는 것이다. 로키 신과 난쟁이 브로크는 제각기 머리를 걸고 내기를 했기에 누구든 지는 쪽은 목숨을 버려야 할 판이었다.

먼저 로키가 절대로 표적을 빗맞히지 않는 창 궁니르를 오딘 신에게 선물하였다. 오딘은 궁니르를 시험해보고 몹시 만족하였다. 다음으로 신기한 배 스키트블라트니르는 프라이 신에게 돌아갔는데, 펼쳤다 접었다 할 수 있는 이 배를 보고 프라이도 몹시 기뻐하였다. 토르 신은 자신이 요구한 대로 아내 지프 여신을 위한 황금 머리카락을 선물로 받았다. 지프 여신이 황금으로 만든 머리카락을 머리에 올려놓자마자 그것은 진짜 머리카락이 되었다. 전에도 지프는 훌륭한 머리카락을 갖고 있었지만, 그래도 이토록 눈부신 황금 머리카락을 지닌 적이 없었음을 토르도 인정하지 않을 수 없었다.

그러자 이번에는 브로크가 앞으로 나섰다. 먼저 그는 황금 반지 드

마법의 창 궁니르를 든 오딘의 모습. 바그너의 〈니벨룽의 반지〉에서는 계약의 신 보탄을 나타내는 상징물로 그려진다. H. 헨드리히의 그림, 1906년경.

라우프니르를 오딘에게 선물하고 그것이 얼마나 놀라운 물건인지 설명하였다. 황금털 수퇘지 굴보르스테는 프라이에게 돌아갔다. 굴보로스테는 물 위나 공중으로도 달리고, 날이 어두워도 황금털이 계속 빛을 내서 사방을 환하게 비추어주는, 타고 다니는 돼지였다. 이렇게 해서 프라이는 탈것이 두 가지나 생겼다. 그 중 스키트블라트니르는 자기뿐만 아니라 신들을 모두 태울 수 있는 배였다.

마지막으로 브로크는 토르 신에게 쇠망치 묠니르를 내밀었다. 쓰지 않을 때는 손바닥 안에 감출 수도 있는 망치였다. 토르는 이 선물이 정말로 마음에 들었다. 이제 부서지지 않는 튼튼한 망치로 거인들을 마음껏 때려죽일 수 있게 된 것이다.

이제 신들은 선물로 받은 물건 중 무엇이 가장 훌륭한 보물인지 판단을 내려야 할 순간이 닥쳐왔다. 로키가 가져온 것인가, 아니면 브로크가 가져온 것인가? 신들은 여러 가지 쓰임새를 꼼꼼히 따져본 다음 토르가 받은 튼튼한 쇠망치가 가장 쓸모 있는 것이라는 결론을 내렸다. 비록 쇠로 만든 것이라도 거인들과 싸우는 데 꼭 필요한 물건이니 말이다. 로키가 이 망치의 손잡이가 너무 짧다고 흠을 지적하였지만 그래도 신들은 판결을 바꾸지 않았다.

이렇게 해서 난쟁이 브로크가 내기에서 이기고 불의 신 로키가 졌다. 그는 난쟁이에게 목숨을 내놓아야 할 판이었다.

✢ 난쟁이가 로키의 입을 꿰매다

브로크 형제가 만든 쇠망치가 가장 훌륭한 물건이라는 판결을 얻었으니 로키는 이제는 머리를 내놓아야 했다. 그는 브로크에게, 가져가 보았자 아무 쓸모도 없는 머리 대신 값진 황금을 주겠노라고 제안해보았지만 난쟁이는 어차피 황금을 잔뜩 가지고 있었기에 그 제안에 전혀 관심이 없었다. 그는 로키더러 머리를 내놓으라고 고집을 부리면서, 머리를 떼어갈 준비를 시작하였다. 그러자 궁지에 몰린 로키가 이렇게 말했다.

"좋다. 그럼 내 머리를 가져가라. 하지만 모가지는 절대로 건드리면 안 된다. 머리만 내기에 걸었지 모가지를 걸지는 않았으니까."

로키의 이런 궤변에 난쟁이 브로크는 화가 잔뜩 치밀었다. 하지만 아무리 억지라도 신의 말을 인정하지 않을 수는 없었다. 내기에서 이겼으니 로키의 머리는 자기 것이 되었지만, 그 머리를 목에서 떼어 가질 수는 없게 된 것이다. 브로크는 호주머니에서 송곳과 가죽 끈을 꺼냈다. 그리고는 온갖 교활한 소리를 잘도 지껄여대는 얄미운 로키의 입술을 위아래로 합쳐 여러 군데나 송곳으로 뚫고는 가죽 끈으로 묶어서 꿰맸다. 내기에서 진 로키로서는 자기 머리에 일어나는 그 꼴을 꼼짝 못하고 당하는 수밖에 없었다.

로키 덕분에 생각지도 않던 보물을 잔뜩 얻은 신들은 그 꼴이 재미있다고 배꼽을 잡고 웃어댔다. 가죽 끈에 꿰인 입술이 정말로 아프기도 하고, 또 의리 없는 신들을 보고 로키는 잔뜩 화가 나서 집으로 돌아갔다.

신들이 이렇게 의리 없이 웃어댄 것은 잘한 일은 아니지만, 그렇다고 그들을 무조건 나쁘다고 하기도 어려운 일이다. 신들로서는 목숨을 건 내기에 정당한 판결을 내려야만 했을 테니 말이다. 게다가 너무 말을 잘해서 요리조리 잘도 빠져나가는 사람을 보면 우리도 이따금 저 입 좀 꿰맬 수 없나 하고 생각하게 된다. 그리고 입술을 꿰매 붙인 모습을 속으로 상상하면서 마음이 후련해져 빙긋이 웃는다.

토르의 쇠망치는 실제로도 신들이 가진 모든 보물 중에서 가장 소중했다. 로키와 난쟁이가 가지고 온 여섯 가지 물건 중 오딘 신이 받은 창 궁니르와 함께 묠니르는 가장 자주 등장한다. 창 궁니르는 오딘의 상징물 중 하나이다. 쇠망치 묠니르는 토르의 상징물이 되었고, 또한 토르가 어디를 가든지 아주 요긴하게 쓰였다. 그러니 화려한 데라곤 별로 없고 손잡이도 짧은 토르의 쇠망치가 신들의 보물 중 가장 쓸모 있고 소중하다는 것은 맞는 말이었다.

가죽 끈으로 입술이 묶여 피를 흘리면서, 분이 나 씩씩거리며 돌아온 로키를 보고 아내 지긴(Sigyn)과 두 아들이 얼른 가죽 끈을 풀어주었다. 로키는 피가 뚝뚝 떨어지는 입술을 씻어내면서 속으로 분을 삭였다.

'두고 보자. 앞으로 언젠가는 나의 시간이 올 것이니.'

신들의 보물은 당연히 중요한 상징성을 가진다. 오딘의 창은 전쟁신의 상징물로 적합할뿐더러, 온 세상을 다스리는 오딘의 권한을 잘 나타낸다. 바그너는 〈니벨룽의 반지〉에서 보탄(오딘)의 창을 약간 다르게 서술한다. 보탄 신이 이그드라실의 가지를 베어 창을 만들고 여기에 루네 문자로 계약의 말들을 새겨넣은 것으로, 계약의 신 보탄을 상징한다고 보는 것이다. 세상의 질서를 유지하는 것이 계약, 곧 약속과 그것의 충실한 이행이라는 점을 생각해보면 이 또한 설득력이 있다. 어느 경우든 오딘의 창은 최고신으로서의 그의 권한을 상징한다.

앞서 설명했듯이, 황금 반지 드라우프니르는 특별한 기능을 가지고 있지는 않다. 다만 오딘 신이 지닌 것 중 유일하게 황금으로 만들어졌고, 또한 아흐레째 되는 날마다 여덟 개가 새로 생겨나 모두 합쳐 아홉 개씩이 되곤 하니, 신의 무한한 권능과 풍요를 상징하는 것으로 보인다.

바네 신 출신인 프라이는 황금털을 가진 수퇘지 굴보르스테를 타고 다닌다. 이 수퇘지는 밤에도 사방을 환하게 밝힌다. 이는 바네 신들이 황금과 밀접한 관계를 갖는다는 것, 황금이 태양 또는 빛을 상징한다는 것을 생각나게 한다. 일반적으로 수퇘지는 프라이 신과 프라야 여

접었다 펼쳤다 할 수 있는 배 스키트블라트니르는 토르가 아제 신들의 연회에 쓸 솥을 마련하기 위해 바다거인 에기르를 찾아갈 때 다시 한번 등장한다. I. J. 빌리빈의 그림, 1900년.

신에게 공통되는 상징이다. 이는 옛날 바네 신들을 섬기던 사람들이 수퇘지를 잡아 신에게 제사를 드렸던 풍습에서 유래한 것이다.

접었다 펼쳤다 할 수 있는 배 스키트블라트니르는 인간의 영원한 소망 하나가 신화에서 실현된 것으로 보인다. 고속도로나 시내 중심가에서 교통 체증이 일어나 앞뒤가 꽉 막혀 있을 때, 우리는 이따금 자동차에서 내려 자동차를 접어 호주머니에 집어넣고 지하철을 타고 갔으면 좋겠다고 생각할 때가 있다. 펼치면 이제 신들이 모두 탈 수 있고, 접으면 호주머니에 들어가는 배 이야기는, 이런 인간의 소망이 프라이 신에게서 현실로 나타난 것이라고 볼 수 있다. 뭍으로 다닐 때는 다른 것을 타고 다니다가, 물을 만나면 호주머니에서 배를 꺼내 타고 갈 수 있었을 테니 말이다.

3대 신의 하나이지만 프라이 신은 무기가 없다. 사실은 그도 탈것 하나와 무기 하나를 선물로 받는 것이 옳았을 것이다. 오딘 신은 창, 토르 신은 망치를 받았다. 그러나 원래는 위대한 신이었지만 패배한 바네 출신인 프라이에게는 상징물에 무기가 빠져 있다. 따지고 보면 그는 평화와 풍요의 신이니, 아주 틀린 것만도 아니다.

토르 신의 쇠망치는 앞으로도 자주 만나게 될 것이다.

난쟁이에게 황금 목걸이를 얻은 프라야 여신

프라야는 아름다움과 사랑의 여신이다. 원래는 바네 출신 여신으로, 바다의 신 뇨르트의 딸이고 평화와 풍요의 신 프라이의 누이다. 아제 신들과 바네 신들 사이에 벌어진 전쟁이 끝난 다음 아버지와 오빠와 함께 아제 신들에게로 왔고, 그 뒤로는 아제 신들과 함께 아스가르트에서 살았다.

오딘 신의 아내는 결혼을 수호하는 프리크 여신이지만, 프라야가 여신들 중 가장 중요한 존재로 보인다. 프리크(Frigg)와 프라야(Freyja)는 '여자', '아내', '애인' 등을 뜻하는 비슷한 이름들이다. 다만 우리는 오딘의 아내이며 신들의 어머니인 프리크에게서 '아내'의 측면을 더 많이 보고, 마법과 아름다움과 사랑을 다루는 프라야에게서 '애인'

의 요소를 더 많이 본다.

이 두 여신을 구분할 필요는 있지만 그들이 종종 서로 뒤섞인다는 사실도 동시에 기억해야 한다. 게다가 프라야 여신은 이따금 오딘과 대등하게 등장한다. 그럴 때는 프리크 여신은 전혀 나타나지 않는다. 그래서 마치 프라야 여신이 오딘의 아내 자리를 차지한 것처럼 생각되기도 한다. 특히 2권에 등장하는, 죽은 용사들인 아인헤리(Einheri)를 관리하고 최후의 전쟁에 대비할 때는 오딘과 나란히 프라야 여신이 등장한다. 전체적으로 보아 오딘의 기능이 라그나뢰크(Ragnarökr, 신들의 최후)의 예언과 가장 밀접하게 연관된 것임을 생각하면 프라야 여신의 비중을 짐작할 수 있다.

바네 신들은 오누이끼리 혼인하는 관습이 있어서 프라야 여신은 오빠 프라이와 혼인한 사이로 보이는데, 아스가르트로 온 뒤로 이 혼인은 무효가 되었다. 그러면서 프라야 여신의 남편이 정확하지 않게 되었다. 이따금 그녀는 남편을 찾으러 세상을 이리저리 돌아다니기도 한다. 정체가 알려지지 않은 프라야의 남편은 오트(Od), 또는 오두르(Odhur)이다. 일설에 따르면 이는 '오딘(Odin)'을 나타내는 말일 수도 있다. 하지만 오딘 신에게는 아내가 따로 있으므로, 여러 가지 혼란이 나타난 것으로 보인다.

프라야는 아스가르트에 마법을 전수해준 여신이고, 또 그 자신이 황금과 마법과 사랑의 여신이다. 바네 신들이 아스가르트로 온 뒤로 원래 바네 신들 중 가장 중요한 프라이 신은 비중이 줄어든 반면, 여신인 프라야의 비중이 상대적으로 높아진 것으로 보인다. 어쨌든 프라야가 아제 신들에게 마법을 가르쳐주었고 오딘이 그것을 가장 잘 배웠

프라야가 찾아 헤매는 그녀의 남편 오트(또는 오두르)가 오딘을 나타내는 말이라는 설도 있다. 프라야는 두 마리 고양이가 끄는 마차를 타고 다니며, 북유럽 신화에서 가장 아름다운 신이다. N. J. O. 블로머의 그림, 1852년.

다. 이제 신들 중 오딘과 나란히, 또는 오딘을 제치고 최고신의 자리를 차지한 적도 있는 토르 신은 끝까지 마법을 익히지 못했다.

프라야 여신은 고양이가 끄는 마차를 타고 다니고, 매로 변신하게 해주는 매 옷을 갖고 있다. 이따금 이 옷을 로키에게 빌려주어 로키는

매로 변신하곤 한다. 당연히 프라야 자신도 매로 변신할 수 있다.

    바네 여신으로, 아스가르트를 찾아왔던 황금열망 굴바이크 여신은 실은 프라야 여신의 다른 모습이었다. 바네들은 마법 말고도 온통 황금으로 치장하고 황금을 좋아하는 신이다. 여러 차례 말했듯이, 바네 신들을 둘러싸고 있는 황금은 태양이나 빛을 상징한다. 동시에 황금은 물질적 욕망의 시작을 뜻하기도 한다. 그것은 수많은 분쟁과 갈등을 만들어낸다.

    프라이와 마찬가지로 프라야도 수퇘지와 관세가 있다. 그녀가 무장을 완전히 갖출 때면 투구에 황금으로 된 수퇘지 장식(힐디스비니 Hildiswini)이 붙는다. 이것 또한 난쟁이들이 만들었다. 프라야는 이따금 돼지(시르 Syr)라고 불리기도 한다. 고대에 바네 신들을 섬기던 사람들이 2월 초에 '한 해의 복을 기원하는 축제'에서 프라이와 프라야에게 가장 큰 돼지를 제물로 바쳤기 때문에 이런 이름이 남았다.

    프라야 여신은 중간계와 온 세상을 떠돌아다닌 적이 있었다. 자기를 버리고 어디론가 사라져버린 남편을 찾아서였을까? 아름다운 여신은 중간계를 거쳐 난쟁이들이 사는 땅속 스바르트알프하임까지 갔다. 로키 신 말고는 이제 신이 이곳 땅속 깊은 곳까지 찾아오는 일은 드물었다. 이따금 몹시 대담한 성격을 보이는 프라야 여신만이 홀로 그곳까지 찾아 들어갔다.

하지만 그녀가 아름다운 여신 프라야라는 것을 알아보기란 어려웠다. 화려한 장신구나 빛나는 황금을 몸에 걸치지 않고, 그저 하찮은 떠돌이 여자의 모습을 하고 있었기 때문이다. 프라야는 난쟁이 나라를 이리저리 돌아다니다가, 솜씨 좋은 대장장이 난쟁이들이 온갖 보석으로 아름다운 장신구를 만드는 것을 보았다.

난쟁이들은 대장간으로 찾아 들어온 낯선 떠돌이 여자를 흘낏 바라볼 뿐 별 관심을 보이지 않고 하던 일을 계속하였다. 대장장이들이 일하는 모습을 한참이나 넋 놓고 바라보던 떠돌이 여자가 갑자기 말을 걸었다.

"솜씨 좋은 양반들이네. 내게도 목걸이 하나 만들어주겠소?"

난쟁이들은 불의 신인 로키에게는 군말 없이 수많은 보물을 만들어주었지만 떠돌이 여자에게는 그럴 생각이 없었다. 대장장이 노릇을 위해서는 불이 꼭 필요했으니 로키 신을 함부로 대할 수는 없었다. 하지만 어디서 굴러 들어왔는지 모를 여자의 소원까지 거저 들어줄 마음은 전혀 없었다.

"그러면 그 대가로 우리에게 무엇을 주겠소?" 난쟁이 하나가 무뚝뚝하게 물었다.

프라야는 생각에 잠겨 아무 말 없이 가만히 있었다. 떠돌이 신세여서 내놓을 만한 것이 별로 없었던 것이다. 못생긴 난쟁이들은 재미있다는 눈길로 떠돌이 여자를 슬금슬금 훑어보았다. 볼품없는 옷차림 속에 아름다운 몸매가 숨어 있음을 볼 수 있었다. 난쟁이 하나가 농담조로 짓궂게 물었다.

"이렇게 하면 어떻겠소? 우리 넷과 돌아가며 하룻밤씩을 보내기로 한다면 넷이서 힘을 합쳐 당신에게 아름다운 목걸이 하나를 만들어 주겠소."

난쟁이의 제안에 프라야는 아름답고도 심술궂은 미소를 지었다. 속내를 헤아리기 힘든 오만한 미소였다.

"좋소, 그렇게 하십시다." 그녀가 선선히 대꾸하였다.

이렇게 해서 프라야 여신은 흉측하게 생긴 난쟁이들 곁에서 나흘 밤을 보냈다. 그 대신 난쟁이들은 그녀를 위해 세상에서 가장 아름다운 황금 목걸이를 만들었다.

그녀는 난쟁이들 곁을 떠나기 전에 황금 목걸이를 목에 걸었다. 그러자 환하고 아름다운 여신의 당당한 모습이 드러났다. 난쟁이들은 여신의 정체를 미리 알고 있었던 모양인지, 눈부시게 빛나는 프라야 여신을 보고도 별로 놀라는 기색이 없었다. 다만 자기들이 만든 목걸이가 훌륭한 임자를 만난 것을 보고 몹시 기뻐하였다. 그들은 떠나가는 여신의 뒷모습을 말없이 지켜보았다. 이렇게 세상에서 가장 아름다운 프라야 여신은 아름다운 목걸이 브리징가멘을 갖게 되었다.

아스가르트에서 가장 아름다운 여신인 프라야는 모든 신들은 물론, 심지어 거인과 난쟁이 들에게서도 사랑을 받았다. 허풍선이 거인 흐룽니르(Hrungnir)는 아스가르트의 신을 다 죽여 없애겠지만, 프라야와 지

브리징가멘은 아름다움과 사랑의 여신 프라야를 가장 잘 나타내는 상징물이다. 프라야는 목걸이를 얻는 대가로 난쟁이들에게 자신의 몸을 내준다. 맹목적인 욕정과 정열이다. J. 펜로즈의 그림, 1890년경.

프 여신만은 살려서 거인들의 나라로 데려가 함께 살겠노라고 큰소리를 친다. 토르의 망치를 훔쳐간 거인 트림(Thrym)도 망치를 돌려주는 조건으로 프라야를 아내로 얻길 원한다. 아스가르트 성벽을 쌓은 거인 건축가도 성벽을 쌓은 대가로 태양과 달과 프라야를 요구한다.

그렇다고 프라야가 원래 함부로 몸을 굴리는 여신은 아니었던 것 같다. 신화학자 헤르만(Paul Herrmann)은 《옛 에다》, 특히 거인 트림의 이야기에서 프라야가 트림에게 시집가지 않겠다고 펄펄 뛰는 장면을 그 증거로 든다. 그녀가 펄펄 뛰는 바람에 아제 신들의 홀이 흔들리고, 그녀의 가슴 위에 걸려 있던 목걸이 브리징가멘이 땅으로 떨어졌다. 다만 후대에 와서 로마 여신 베누스(Venus)의 감각적인 요소가 프라야에게로 넘어가서, 엄격하던 여신에 대한 서술이 달라진 것이라고 한다.

난쟁이 대장장이들이 만든 신들의 보물을 아스가르트로 가져온 이는 로키 신이다. 다만 프라야 여신만은 자신이 직접 난쟁이들에게서 목걸이를 받아냈다. 오랫동안 온 세상을 떠돌았어도 프라야 여신은 남편을 찾지 못하였다. 이것은 북유럽 신화의 독특한 아이러니다. 아름다움과 사랑의 여신은 남편을 잃어버리고 온 세상을 떠돌아다니고도 끝내 찾지 못한다. 마치 지혜의 신이 눈 하나가 없는 것과 같다. 제 남편 하나 제대로 간수하지 못했지만 그래도 여전히 프라야는 아름다움과 사랑의 여신이다. 사랑을 구하는 여자들이나 남자들은 자신의 사랑이 이루어지게 해달라고 프라야 여신에게 기도하였다.

프라야는 남편을 찾지는 못한 채 아름다운 황금 목걸이 하나만을 지니고 마침내 아스가르트로 돌아왔다. 아스가르트에는 프라야 여신의 궁전인 거대하고 아름다운 폴크방(Folkwang)이 있었다. 당당한 프

난쟁이들이 프라야 여신에게 만들어준 황금 목걸이 브리싱가멘은 이런 모양을 하고 있지 않았을까. 바이킹의 목걸이, 6세기.

라야 여신은 자신의 궁전에서 일상의 평화를 되찾았다.

그리고 시간이 한참 흘렀다. 어느 날 밤 여신의 고양이들이 언제나 그렇듯 사랑을 찾아 모두 밖으로 나가고 사방은 쥐죽은 듯 고요하였다. 이렇게 고요한 밤에 누군가가 몰래 폴크방으로 들어와 잠든 그녀의 목걸이를 훔쳐갔다. 아침에 깨어나 소중한 목걸이를 도둑맞은 것을 안 프라야 여신은 미친 듯이 분노하였다.

다행히도 아스가르트의 파수꾼 하임달 신이 프라야 여신의 궁전에서 살그머니 빠져나오는 목걸이 도둑을 목격하였다. 그는 밤에도 대낮처럼 잘 볼 수 있고, 양털과 풀이 자라는 소리도 들을 수 있었기 때문이다. 하임달은 도둑놈을 쫓아갔다. 도둑은 바닷가에 이르자 물속으로 뛰어들어 물개로 변신하여 도망쳤다. 하임달도 물개로 변신하여 쫓아갔다. 어쩌면 하임달은 변신할 필요가 없었을지도 모른다. 바다의 아홉 파도가 그의 어머니였으니까.

그래서였는지 헤엄을 잘 치는 하임달 신은 머지않아 도둑을 붙잡았다. 도둑은 언제나 말썽을 일으키는 로키 신이었다. 하임달은 목걸이를 빼앗고 못된 짓을 한 로키를 한 방 호되게 갈겨주려고 하였다. 그러자 로키가 비명을 지르며 이렇게 외쳤다.

"아니, 난 죄가 없어. 오딘이 목걸이를 훔쳐오라고 시켰단 말이다.

그래서 시키는 대로 한 것뿐이야."

"정말이냐? 오딘이 시켰단 말이지?"

"그렇다니까."

하임달은 어이가 없었다. 오딘 신은 그의 아버지였다. 대체 아버지는 무슨 생각을 하는 거지? 여자들이나 걸고 다니는 목걸이를 탐내다니 말이다. 하임달은 목걸이를 들고 폴크방으로 가며 이런저런 생각에 잠겼다. 아무래도 오딘 신은 자기가 데리고 다니는 늑대들만큼이나 탐욕스러운 것 같았다. 하임달 신은 되찾은 목걸이를 원래 임자인 프라야 여신에게 돌려주었다.

프라야 여신의 목걸이 브리징가멘이 무엇을 상징하는지는 분명하지 않다. 다만 여신은 그것을 얻기 위해 값비싼 대가를 지불하였다. 어차피 북유럽 신화에서 공짜란 없다. 로키 신만이 난쟁이들에게서 억지로 보물을 빼앗을 수 있을 뿐, 다른 경우는 모두 대가를 지불해야 한다. 다른 어디서니 그렇듯이 여기서도 약속이나 계약은 가장 중요한 질서 유지 방법이었다. 물론 약속이나 계약은 반드시 지켜진다. 누군가 그것을 어길 때는 중대한 문제가 발생한다.

프라야 여신이 지불한 이런 대가를 통해서 이 이야기는 사랑의 어두운 측면, 곧 맹목적인 욕정과 정열을 보여준다고 해석된다. 목걸이가 너무 갖고 싶은 나머지 여신은 자기 자신을 난쟁이들에게 내주었으니 말이다. 오딘 신은 프라야 여신의 이런 행동이 몹시 못마땅하여, 로키를 시켜 목걸이를 없애려고 했던 것이다.

이후 브리징가멘은 프라야 여신과 거의 뗄 수 없는, 이 여신을 상징하는 가장 중요한 상징물이 되었다. 토르 신이 망치를 되찾기 위해 프라야 여신으로 변장하고 트림하임으로 갈 때도 그는 무엇보다도 이 목걸이를 빌려서 목에 걸었다. 브리징가멘을 걸었다는 것만으로, 거인 트림은 우람한 체구의 토르 신을 프라야 여신이라고 생각한다.

굴바이크-프라야 여신은 걷잡을 길 없는 황금열망을 뜻한다. 그리고 브리징가멘을 향한 열망을 통해 프라야는 통제하기 어려운 성적인 욕망과도 결부된 것으로 보인다. 사랑과 풍요의 여신인 프라야는 황금이나 성과 관계된, 제어하기 힘든 욕망을 상징하는 존재인 것이다. 프라야가 마법을 전해준 여신이라는 사실과 더불어, 이런 속성은 마적이고 부정적인 신비로움의 특성을 그녀에게 덧붙여준다.

신들은 성벽을 얻고, 오딘은 명마를 얻고

신들이 처음으로 아스가르트에 정착했을 때였다. 신들은 이미 인간들이 사는 중간계를 만들고, 중간계와 거인들의 나라 요툰하임 사이에도 경계를 만들었다. 오딘 신의 궁전 발할도 이미 완성되어 있었다. 하지만 아직도 아제 신들을 지켜줄 아스가르트의 성벽이 없었다. 만일 힘이 세고 신들에게 적대적인 산악거인이나 서리거인들이 중간계를 넘어 이쪽으로 들이닥치면, 그들에 맞서 싸울 때 필요한 성채가 신들에게는 없었다.

어느 날 성벽 쌓는 거인 건축가 하나가 말 한 마리를 데리고 아스가르트 입구에 섰다. 그는 아스가르트로 올라가는 다리인 비프뢰스트(흔들리는 하늘길) 아래 서서, 다리의 끝 아스가르트 쪽을 지키고 있는 파수꾼 하임달 신을 큰 소리로 불렀다. 하임달이 그에게 물었다.

"대체 무슨 일이냐?"

"나는 성채를 건설하는 건축가요. 성벽에 대해 상의하려고 왔으니 안으로 들어가 신들을 만나게 해주시오."

하임달 신은 거인이 흔들리는 하늘길을 올라오도록 허락해주었다. 거인은 오딘 신의 궁전인 발할로 안내를 받았다. 그곳에는 오딘 신을 비롯하여 몇몇 신이 있었다. 다만 천둥신 토르만이 거인들과 싸우러 나가고 없었다. 거인 건축가가 설명하였다.

"아스가르트에는 제대로 된 성벽이 없지요. 나는 기술이 좋은 건축가이니 1년 반 안으로 성벽을 완벽하게 만들어 드리겠소."

신들은 그 제안에 귀가 솔깃하였지만 그가 무엇을 대가로 바라는지 궁금하였다. 거인이 말했다.

"태양과 달을 내게 주시오. 그리고 프라야 여신도 내게 주시오. 그것이 조건입니다."

신들은 그 말에 화가 잔뜩 났다. 절대로 들어줄 수 없는 조건이었기 때문이다. 태양과 달도 줄 수 없었고, 또한 거인이 아스가르트의 여신을 아내로 삼을 수는 없는 일이라고 생각했다. 더욱이 아름다움과 사랑과 마법의 여신 프라야는 어림도 없는 일이었다. 대체 이 뻔뻔스런 작자는 누구란 말인가. 신들은 화를 내면서 그를 쫓아내려고 하였다. 그 순간 로키 신이 끼어들었다.

"거인을 궁전 밖으로 내보내 기다리게 하고 우리끼리 상의를 좀 하십시다."

오딘 신은 거인을 궁전 밖으로 내보냈다. 이제 아제 신들만 남았다.

로키가 자신의 생각을 말했다.

"저 거인 건축가가 성벽을 쌓는 것은 우리에게 좋은 일이오. 다만 그의 요구가 못마땅한 것뿐이지. 그러니 그가 성벽을 완성하기에 불가능한 시간을 제안하기로 합시다. 그는 열심히 일을 할 테지만 어차피 약속한 시간 안에 성벽을 완성하기란 불가능할 것이고, 그러면 우리는 대가를 지불할 필요가 없지요. 대신 그가 그동안 일한 부분은 거저 얻을 수 있지 않겠소?"

오딘 신이 물었다. "시간을 얼마나 주면 좋단 말인가?"

"온 세상이 꽁꽁 얼어붙는 겨울 한 철이 어떻겠습니까? 지금부터 반년의 시간을 주기로 하지요."

신들은 로키의 제안이 그럴싸하게 여겨졌다. 눈과 서리가 많아 온 세상이 얼어붙는 데다가, 낮이 아주 짧거나 거의 없는 겨울철에 건축 공사를 하기란 거의 불가능했기 때문이다. 신들은 상의를 마치고 거인 건축가를 도로 안으로 불러들였다. 오딘 신이 입을 열었다.

"내일은 겨울이 시작되는 날이다. 내일부터 시작하여 여름이 시작되는 첫날이 되기 전에 성벽을 완성한다면 네가 원하는 것을 주겠다. 다만 그 누구의 도움도 받지 않고 온전히 너 혼자서 성벽을 쌓아야 한다."

오딘의 말을 듣고 거인이 물었다.

"그 누구의 도움도 받지 않겠지만 내가 이리로 데리고 온 말 스바딜파리(Swadilfari)의 도움을 받는 것은 괜찮겠지요?"

오딘은 거인의 질문에 당황해서 로키를 바라보았다. 로키가 그렇게 하자는 뜻으로 고개를 끄떡였다.

"말을 데리고 일을 하는 것은 좋다. 하지만 여름이 시작되는 날, 아주 작은 것이라도 완성하지 못한 것이 있다면 대가는 없다."

겨울이 시작되는 첫날인 이튿날부터 거인이 일을 시작했다. 하지만 머지않아 거인이 힘이 장사라는 것이 드러났다. 말 또한 믿을 수 없을 정도로 힘이 셌다. 거인과 말은 잠도 자지 않고 일만 하는 것 같았다. 낮에는 성벽을 쌓아 성채를 만들고, 밤이면 말을 끌고 가서 무거운 돌들을 날라 오곤 하였다. 말이 얼마나 거대한 바위 덩어리를 날라 오는지, 아제 신들에게는 기적을 보는 것처럼 여겨졌다. 건축가가 맡은 일에서 적어도 절반은 말이 해내는 것 같았다. 하지만 이미 계약이 이루어졌으니 어찌 할 도리가 없었다. 약속과 맹세는 반드시 지켜야만 했다. 성벽은 쑥쑥 올라갔다.

봄이 찾아와 얼음이 녹기 시작하자 아스가르트의 신들은 점점 더 불안해졌다. 큰 공사를 할 수 없는 사나운 겨울철에도 사람과 말은 그렇게 일을 잘하였다. 이제는 날씨마저 차츰 따뜻해지고 있으니 거인은 제때 성채를 완성할 수 있을 듯 보였다.

여름이 시작되기까지 겨우 사흘밖에 남지 않았을 때 오딘 신은 신들의 회의를 소집하였다. 거인은 이미 성벽을 거의 완성하고 성문만 남겨놓고 있었다. 신들은 거인과 계약을 하자고 제안한 로키 신을 원망하였다. 그들은 프라야를 거인의 아내로 내줄 수도 없고, 태양과 달을 포기할 수도 없었다. 이번에도 로키는 혼자서 모든 책임을 덮어쓰게 되었다.

신들은 회의를 열기는 했지만 달리 뾰족한 수를 찾아낼 수가 없었다. 그래서 거인에게 성벽 건축의 대가를 주지 않을 방도를 로키가 마련해야 하고, 만일 그러지 못했다가는 그 자신이 죽음으로써 이 심각한 사태의 책임을 져야 한다고 결정하였다. 신들의 결정에 로키는 두려워졌다. 그는 신들에게 이렇게 맹세하였다.

"무슨 일이 있어도 건축가에게 대가를 지불하는 것은 내가 막겠소."

그날 저녁이었다. 거인 건축가가 튼튼한 수말 스바딜파리를 이끌고 돌을 가지러 가고 있었다. 그때 갑자기 숲에서 암말 한 마리가 뛰어나오더니 스바딜파리를 향해 다가오면서 히힝 하고 울었다. 겨우내 일만 하던 불쌍한 수말은 발정 난 암말을 보자 갑자기 흥분해서 거인이 잡은 고삐를 낚아채고는 암말을 향해 달려갔다. 수말이 자기를 향해 달려오는 것을 본 암말은 숲으로 도망치고, 수말은 암말의 뒤를 따라 숲으로 달려가고, 건축가는 자신의 수말을 찾아 그 뒤를 달려갔다.

암말과 수말은 밤새도록 숲을 이리저리 돌아다니며 어지러운 사랑의 밤을 보냈다. 그 바람에 그날 밤에 실어와야 할 돌을 실어오지 못했고, 건축가는 이튿날 일을 하지 못했다. 자재가 없으니 당연한 일이었다. 성벽을 다 쌓고 성문만 남아 있었건만, 건축가는 약속된 날짜에 일을 끝내지 못하게 된 것을 알았다.

거인이 분노를 터뜨리자 그의 본색이 드러났다. 그는 신들의 원수인 사나운 산악거인이었다. 거인은 본모습을 드러내고 못된 성깔을 부리면서 성벽을 때려부수기 시작했다. 신들은 자기들의 적인 못된 산악거인이 건축가로 변장했던 것임을 알자, 속아서 한 약속을 이행할 이유가 없다고 여겼다.

신들은 거인을 때려잡는 천둥신 토르를 불렀다. 토르는 성질을 부리는 못된 산악거인을 보자마자 쇠망치 묠니르를 던져 거인의 두개골

암말로 변신한 로키가 산악거인의 말 스바딜파리를 꾀어냈다가 다리 여덟 달린 망아지 슬라이프니르를 뱄다. 슬라이프니르는 오딘의 애마가 된다. 8세기.

을 부숴 죽여버렸다. 거인은 건축의 대가로 태양과 달과 프라야 여신을 얻는 대신, 토르 신의 쇠망치 묠니르를 머리통에 받았다.

그날 밤 거인의 말 스바딜파리를 꾀어낸 암말은, 실은 로키가 변신한 것이었다. 로키는 가을이 되어서야 흔들리는 하늘길, 곧 무지개다리를 건너 아스가르트에 다시 모습을 나타냈다. 그의 뒤에는 다리 여덟 달린 잿빛 망아지가 졸랑졸랑 따라왔다.* 로키는 성벽 쌓는 거인의 말을 꾄 대가로 이 망아지를 임신했던 것이다. 로키는 망아지 슬라이프니르를 오딘에게 선물하였다. 슬라이프니르는 인간과 신 들의 세계

---

* 오딘의 상징물이 2의 배수라는 것을 알 수 있다. 까마귀 두 마리, 늑대 두 마리, 다리 여덟 달린 말 등.

에서 가장 빠르고 훌륭한 말이었다. 또한 하늘과 바다 위도 자유롭게 날아다닐 수 있었다.

이 사건 덕분에 신들이 사는 아스가르트에는 완벽하고 튼튼한 새 성벽이 생기고, 오딘 신은 말을 얻었다. 오딘은 절대로 표적을 빗나가지 않는 창 궁니르를 손에 쥐고, 신비로운 황금 반지 드라우프니르를 손가락에 끼고, 다리 여덟 달린 슬라이프니르를 타고 바람처럼 빠르게 달린다. 오딘이 지닌 이 세 가지 보물은 모두 꾀 많은 로키 덕분에 얻은 것이다.

저주받은 반지
반지이야기 |1|

바그너는 오페라 〈니벨룽의 반지〉에서 아래 나오는 안드바리(Andwari)의 반지 이야기를 기본 출전으로 삼아, 보탄(오딘)과 영웅 지크프리트(Sigfried)를 주인공으로 하는 장대한 4부작 이야기를 펼친다. 저주 받은 반지가 난쟁이(알베리히)에게서 신들에게로 넘어가고, 그것이 다시 거인에게로, 이어서 거인이 용으로 변신하고 그런 다음 반지는 지크프리트에게로, 지크프리트의 아내 브륀힐데(Brünnhilde)에게로, 그랬다가 도로 지크프리트에게로 넘어가는 긴 과정이 오페라 무대에서 전개된다.

그러나 바그너의 작품을 이어주는 강력한 모티프는 이야기보다 오히려 음악이다. 난쟁이, 거인, 신 들의 세계를 표현하는 인상적인 음악, 반지와 변신 투구와 지크프리트의 칼을 표현하는 강렬한 음악적 모티프, 사랑이나 분노, 질투의 감정을 표현하는 서정적이고 섬세한 선율, 죽음과 운명을 나타내는 날카로운 멜로디가 우리의 감성을 사로잡고 마음에 깊이 아로새겨진다.

강력한 음악적 수단을 사용할 수 있었던 바그너는 북유럽 신화의 출전에서 세부 줄거리와 등장인물의 이름을 자유롭게 바꾸었다. 그래서 언뜻 보면 그 공통점을 알아보기가 쉽지 않다. 그러나 작품을 연결해주는 모티프들을 자세히 살펴보면 그가 원래의 출전에 철저히 기대고 있음을 알 수 있다. 바그너의 줄거리를 2권 뒤에 부록으로 붙였으니 독자 여러분이 직접 확인할 수 있을 것이다.

여기서는 《에다》에 등장하는 반지 이야기를 주로 스노리(Snorri Sturluson)의 줄거리에 기대어 들어보기로 하자. 반지 이야기는 처음에 신들의 이야기로 시작하여 난쟁이와 용, 이어서 영웅 지구르트(Sigurd)와 그가 접촉한 수많은 인간 종족의 몰락 이야기로, 끝도 없이 이어지는 장대한 줄거리를 보인다. 그 긴 이야기를 둘로 나누어 책의 1권과 2권에 따로따로 싣는다. 한편으로는 원래 줄거리가 번잡한 때문이기도 하고, 또 한편으로는 이상하게도 그렇게 하는 것이 각 권의 주제와 훨씬 더 잘 맞아떨어지기 때문이기도 하다.

✤ 수달을 잡은 로키

회니 신이 아직 바네 신들에게로 가기 이전의 옛날 일이다. 오딘과 동생 회니와 로키가 세상 구경을 하려고 함께 길을 떠났다. 강을 따라 길을 내려가서 폭포가 있는 곳에 이르렀다. 폭포 가장자리에 수달 한 마리가 앉아서 커다랗고 통통한 연어를 잡아먹고 있었다. 그것을 보고 로키가 돌 하나를 집어던져 솜씨 좋게 수달의 머리를 맞혔다. 수달은 그 자리에서 쓰러져 죽고, 로키가 수달과 연어를 각기 한 손에 하나씩 들어올리면서 소리쳤다.

"돌 하나 던져 수달과 연어, 둘을 잡았네." 하고 그는 호들갑스레 떠벌렸다. 로키 신이 자기가 잡은 수달과 연어를 짊어지고, 그들은 계속 길을 갔다.

저녁 무렵 아제 신들은 어느 농가에 도착하여 안으로 들어갔다. 집주인은 흐라이트마르(Hreidmar)라는 이름의 농부로 마법에 능통했다. 우리나라에서도 옛날에 그랬듯이 옛 게르만 사람들도 길 가는 나그네를 잘 대접하는 것을 몹시 귀하게 여기는 관습이 있었다. '오딘의 말씀'인 〈하바말〉에는 다음과 같은 구절이 나온다.

"차가운 무릎으로 나그네 길에서 돌아온 사람은 따뜻함을 바란다.
거친 암벽을 넘어온 나그네에게 먹을 것과 의복을 드려 잘 대접하라."

아제 신들이 집주인에게 청하였다.

"주인장, 지나가는 나그네에게 친절을 베풀어 하룻밤 묵어가게 해주시오. 먹을 것은 우리에게도 있으니 그 걱정은 말고 그냥 잘 곳만 내주면 되오."

이렇게 말하면서 신들은 자기가 잡은 것을 보여주었다. 집주인 흐라이트마르는 죽은 수달을 보더니 버럭 화를 내면서 큰소리로 아들들을 불렀다. 그들은 파프니르(Fafnir)와 레긴(Regin)이라는 이름이었다.

오딘과 회니, 로키가 잡은 수달은 실은 흐라이트마르의 막내아들이었다. 흐라이트마르는 아들의 죽음에 대한 대가로 신들에게 엄청난 양의 황금을 요구한다. 폰 슈타센의 그림, 1914년.

두 아들이 놀라서 달려왔다. 아비가 자식들에게 말했다.

"이리 와서 보아라. 너희 동생이 죽었다. 이 자들이 너희 형제를 죽였다. 얼른 놈들을 잡아 묶자."

아비의 말이 떨어지기 무섭게 세 부자가 덤벼들어 순식간에 신들을 붙잡아 단단히 묶어버렸다. 신들은 이게 대체 무슨 영문인가 어안이 벙벙한 채로 있다가 어느새 결박을 당하였다. 집주인이 약간 진정되기를 기다렸다가 오딘이 묶인 채로 물었다.

"이보시오, 주인장. 어째 수달이 당신 아들이란 말이오?"

흐라이트마르가 잔뜩 못마땅해서 눈살을 찌푸리고 오딘을 노려보았다. 그러더니 한숨을 쉬고 나서 무뚝뚝하게 대꾸했다.

"녀석이 폭포 물을 워낙 좋아하여 자주 수달로 변신해 그곳에서 놀곤 했소."

"하지만 그런 사정을 모르는 우리가 수달이 당신 아들인 줄 어찌 알았겠소? 그냥 수달인 줄로만 여겼지. 아들 죽은 것은 몹시 안됐소만 모르고 그랬으니 이만 용서해주시오."

"모르고 그런 것은 알겠으나 아들 죽인 일에 용서란 어림도 없소."

"우리가 죽은 아들 몸값을 내면 어떠리까? 원하시는 대로 드리겠소."

집주인은 아무런 대꾸도 하지 않고 화를 내면서 아들들과 함께 안으로 들어가 상의를 하였다. 한참 뒤에 그들이 다시 나왔다.

"좋소. 그럼 우리가 원하는 대로 몸값을 내겠소? 그러면 풀어드리겠소. 어차피 죽은 아들이 살아 돌아올 리도 없으니 말이오."

"원하는 대로 몸값을 드리리다."

그러자 농부 부자는 수달의 가죽을 잘 벗겨서 그것으로 커다란 자루를 만들었다. 그러고는 이렇게 요구하였다.

"이 가죽 자루 속을 붉은 황금으로 가득 채워주시오. 그런 다음 자루 밖도 황금으로 덮어 가죽이 보이지 않게 해주시오. 그것이 우리가 원하는 몸값이외다."

이미 단단히 묶인 아제 신들은 이런 엄청난 조건을 받아들이는 수밖에 달리 도리가 없었다. 그래서 농부가 원하는 대로 몸값을 치르기로 약속하였다. 농부는 신들의 결박을 풀어주었고, 오딘 신은 로키더러 어서 가서 보물을 찾아오라고 명령하였다. 오딘 신과 회니 신은 농부의 집에 볼모로 남았다.

✤ 안드바리의 보물과 반지의 저주

폭포에서 노는 수달을 죽이는 바람에 뜻밖의 말썽에 말려든 로키는 붙잡혀 있는 신들의 몸값을 마련해야만 하였다. 로키는 세상에서 누가 보물을 가장 많이 갖고 있는지 잘 알았다. 땅속의 보석을 찾아내 가공하는 난쟁이들이었다. 그 중 안드바리라는 난쟁이는 보물을 아주 많이 가진 부자였다. 그는 자주 물고기로 변신하여 물속에서 지내곤 했다. 궁금한 것도 많고 호기심이 많아 세상 구석진 곳에서 무슨 일이 벌어지는지를 누구보다도 잘 아는 로키 신은 이미 그 사실을 알고 있었다.

로키는 먼저 바다 거인 에기르(Ägir)가 사는 곳으로 갔다. 에기르의 심술궂은 아내 란(Ran)에게서 튼튼한 그물을 빌리기 위해서였다. 란은 이 그물로 고기만 잡는 게 아니라 뱃사람들과 이따금 배까지도 통

신들의 세계 아스가르트에서 운명의 여신 노르네들이 운명의 실을 잣는 동안 중간계에서는 오딘과 로키와 난쟁이 안드바리가 보물을 두고 다툰다. 명부의 여신 헬은 이 싸움에서 죽게 되는 타락한 영혼이 명부로 오기를 기다린다. 폰 슈타센의 그림, 1914년.

째로 잡아들이곤 하였다. 그래서 죽은 뱃사람들의 영혼은 란의 영역에 머물렀다. 란은 이제 신들을 좋아하지 않았지만 남편이 그들과 잘 지내는 데다가, 또 딸들인 아홉 파도가 오딘과의 사이에서 하임달 신을 낳아, 오딘의 부탁이라는 로키의 말에 마지못해 마법의 그물을 내주었다.

로키는 란의 그물을 가지고 안드바리가 사는 곳으로 갔다. 안드바리는 폭포 아래 물속에서 가물치로 변신하여 놀고 있었다. 로키는 폭포에 란의 그물을 던졌고, 커다란 가물치는 꼼짝도 못하고 마법의 그물에 걸렸다. 붙잡힌 가물치는 곧 본래 모습으로 돌아왔지만 그래도 여전히 그물에 잡힌 신세였다. 로키가 껄껄 웃으며 난쟁이에게 말했다.

"흠, 부자 난쟁이 안드바리가 불쌍한 포로 신세가 되었구나."

아닌 밤중에 홍두깨라고, 폭포에서 놀다가 난데없이 불의 신에게 붙잡힌 난쟁이는 어리둥절해 로키를 바라보았다. 그러고는 이렇게 물었다.

"내게 원하는 게 대체 무엇이오?"

"그야 뻔하지. 네가 가진 보물을 모조리 내놓아라."

이미 단단히 묶인 난쟁이는 불의 신의 요구를 거절할 수 없었다. 그가 그러마고 동의하였다. 로키는 난쟁이의 결박을 풀어주었다. 그리고 로키와 난쟁이는 함께 동굴로 갔다. 그곳에는 엄청난 양의 보물이 쌓여 있었다. 난쟁이는 로키가 내놓은 자루에 자신의 보물을 담기 시작하였다. 눈 밝은 로키는 난쟁이가 작은 황금 반지 하나를 옆으로 슬쩍 빼돌리는 것을 놓치지 않고 보았다.

"그 반지도 넣어라."

"이 반지만은 그냥 남겨주오. 아주 작고 별 가치도 없지 않소. 하지만 내겐 소중한 것이오. 이것으로 나는 재물을 다시 모을 수가 있다오."

"안 된다. 그것도 마저 자루에 넣어라. 네게 있는 보물은 모조리 자루에 집어넣어라."

이렇게 말하며 로키 신은 손수 덤벼들어 난쟁이의 손에서 반지를 빼앗아 자루에 던져넣었다. 난쟁이는 정말로 화가 잔뜩 났다. 그는 분해서 이를 갈며 저주의 말을 퍼부었다.

"이 반지를 쓸 때 필요한 주문은 나 말고는 아무도 모르지. 그러니 아무도 그것을 사용할 수 없어. 내 반지를 손가락에 끼는 놈은 누구든 목숨을 잃어버려라."

"난 상관없어. 어차피 내가 갖지도 않을 것이니까. 하지만 다음번 주인에게 방금 네가 말한 저주의 말을 꼭 전해주마."

로키는 주섬주섬 보물 자루를 꾸려서 신들이 붙잡혀 있는 농부의 집으로 향했다. 그는 오딘에게 먼저 자기가 가져온 보물을 보여주었다. 오딘 신은 특별하게 반짝이는 반지를 발견하고는 그것을 아름답게 여겨 자기가

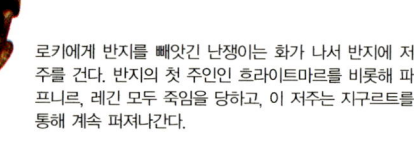

로키에게 반지를 빼앗긴 난쟁이는 화가 나서 반지에 저주를 건다. 반지의 첫 주인인 흐라이트마르를 비롯해 파프니르, 레긴 모두 죽임을 당하고, 이 저주는 지구르트를 통해 계속 퍼져나간다.

갖고 나머지 보물을 흐라이트마르에게 주었다. 흐라이트마르는 수달의 가죽에 보물을 채워넣기 시작하였다. 가죽이 보물로 가득 차자 그는 가죽을 반듯하게 일으켜 세웠다. 그러고는 가죽 바깥쪽을 보물로 덮기 시작하였다. 마침내 보물을 담은 수달 가죽이 다시 보물로 뒤덮였다. 그러자 로키가 가져온 보물이 동이 났다.

흐라이트마르는 혹시 빈 곳이 없나 돌아가면서 자세히 살펴보았다. 그러다가 수달 수염 한 가닥이 밖으로 삐져나온 것을 발견하고 이렇게 요구했다.

"이 수염이 밖으로 삐져나왔소. 이것을 덮을 황금이 더 없습니까? 덮지 않았다가는 계약을 어기는 셈이 되니 말이오."

오딘 신은 하는 수 없이 자기가 감춘 반지를 꺼내 수달의 수염을 덮었다. 오딘이 말했다.

"자, 이것으로 셈은 끝이오. 이제 수달의 몸값은 다 되었소. 그 보물은 아제들의 비상금이기도 했소이다."

신들은 길 떠날 채비를 하였다. 오딘이 창을 손에 쥐고, 로키는 신발을 신었다. 이제 그들을 가로막을 건 없었다. 안전해진 것을 확인하고 나서 로키는 껄껄 웃으며 안드바리의 말을 농부에게 전했다.

"하하하, 내 잊기 전에 전할 말이 있소, 주인장. 보물과 반지의 주인이 이렇게 말했소이다. 이 황금 반지를 가진 자는 누구든 그것을 제대로 써보지도 못하고 목숨을 잃을 것이라고 말이지."

하지만 농부와 아들들은 보물에 정신이 팔려서 그 말을 귓등으로 흘려들었다. 신들은 아스가르트로 돌아갔다.

농부 가족은 엄청난 보물을 앞에 두고 제각기 욕심에 눈이 멀었다. 흐라이트마르가 죽은 아들의 몸값을 챙기고 났을 때, 두 아들 파프니르와 레긴이 자기들에게도 형제 잃은 값으로 보물을 좀 나누어달라고 청하였다. 그러나 아비는 아들들에게 금 한 조각도 나누어주려고 하지 않았다. 그러자 두 아들은 황금을 차지하기 위해 아비를 죽이기로 공모하였다. 그리고 정말로 잠든 아비를 칼로 찔러 죽였다. 보물의 주인 안드바리의 저주가 벌써 현실이 되어 나타나기 시작한 것이다.

이렇게 아비를 죽이고 빼앗은 보물을 형인 파프니르가 혼자서 모두 차지하려고 하자, 동생 레긴이 자기 몫으로 절반을 달라고 요구하였다. 하지만 파프니르는 냉정하게 대꾸하였다.

"황금을 위해 아버지를 죽인 너 같은 놈에게 보물을 나누어줄 생각은 조금도 없다. 보물을 받을 생각일랑 버리고 어서 멀리 떠나라. 안 그랬다간 아버지 뒤를 따라 너도 저승으로 보내주마."

파프니르는 아비의 칼과 투구도 제가 가졌다. 이 투구를 쓰면 살아 있는 모든 존재에게 겁을 줄 수 있었다. 레긴은 작은 칼 하나만 집어들고 얼른 그곳에서 도망쳤다. 파프니르는 보물을 가지고 황량하기 이를 데 없는 그니타 황야로 갔다. 그곳 동굴에 제 침상을 만들고는 용으로 변신하여 보물을 지켰다.

✢ 용을 죽인 영웅 지구르트

형을 피해 도망친 레긴은 티오디(Thiodi)의 왕 히얄프레크(Hialprek)

동생과 공모하여 아버지를 죽인 파프니르는 동생마저 쫓아내고 보물을 독차지하였다. 그는 그니타 황야의 동굴에 자신의 거처를 정하고는 용으로 변신해 보물을 지킨다. 바그너의 〈니벨룽의 반지〉에서는 파프니르가 파프너라는 이름으로 등장한다. 아서 래컴의 그림, 1911년.

에게로 가서 왕의 대장장이가 되었다. 그는 솜씨가 뛰어난 대장장이였다. 레긴은 어린 지구르트의 양육 또한 맡게 되었다. 지구르트(지크프리트)는 나중에 게르만 세계 전체에서 가장 뛰어난 영웅이 된다. 고대 세계의 영웅들이 대개 그렇듯이 그는 절반은 신, 절반은 인간의 혈통을 지닌 존재였다.

그의 아버지는 뵐풍(Wölfung), 또는 뵐중(Wölsung)의 아들인 지그문트(Sigmund)였다. 뵐중은 오딘의 혈통이었다. 지구르트의 어머니는 아일리미(Eilimi) 왕의 딸인 히요르디스(Hiördis)였다. 지구르트는 혈통으로 보나, 힘으로 보나, 생각하는 것으로 보나, 뒷날 왕들 중 가장 강력한 왕이 된다. 아버지와 어머니가 일찍 세상을 떠나는 바람에 지구르트는 어려서 고아가 되었다.

레긴은 왕의 대장장이 노릇을 하면서 다른 한편 부모를 잃고 떠돌아다니던 어린 고아 지구르트를 맡아 길렀다. 그러나 세월이 흘러도 레긴은 아버지의 보물을 모조리 독차지한 형 파프니르를 잊은 적이 없었다. 언제나 형을 향한 원한에 가득 차 있었고, 어떻게든 형을 죽이고 자기가 그 보물을 차지할 생각뿐이었다. 그러나 레긴은 파프니르에 맞설 수 없었다. 원래 형보다 체구도 난쟁이처럼 작고 기운도 훨씬 못했기 때문이다. 지금 파프니르는 두려운 투구를 갖고 있는 데다가, 무시무시한 용의 모습을 하고 있었다.

레긴은 어린 지구르트가 날 때부터 몸이 잽싼 데다 자라면서 기운이 아주 좋은 것을 눈여겨보았다. 무엇보다도 겁이 없이 대담하였다. 개구쟁이 소년은 무서운 것이 전혀 없었다. 어쩌면 이 아이를 이용하여 용을 물리칠 수 있을지도 모른다. 레긴은 아이에게 희망을 걸었다.

레긴은 어린 지구르트에게 동굴에서 보물을 지키는 용 파프니르의 이야기를 들려주곤 했다. 지구르트가 청년으로 자라자, 레긴은 그에게 세상에서 가장 날카롭고 강한 칼 그람을 만들어주었다. W. 폰 안쉴트의 그림, 1880년.

그리고는 지구르트에게 동굴에서 보물을 지키는 용의 이야기를 들려주곤 하였다.

"저기 외진 그니타 황야에 용 한 마리가 숨어 있다. 성질이 아주 고약하고 사나운 용이다. 하지만 엄청난 보물을 갖고 있다. 네가 자라서 힘이 세지거든 용을 죽이고 그 보물을 차지하도록 해라."

지구르트는 어려서부터 용 파프니르의 이야기를 듣고 자랐다. 하지만 그는 용 생각은 별로 하지 않고 숲에서 온갖 사나운 짐승들과 겨루거나, 아니면 그냥 숲을 돌아다니며 노는 일에 빠져 지냈다. 그는 건강

그람을 다듬는 레긴과 지구르트. 목판 조각, 12세기.

하고 힘센 청년으로 자랐다.

지구르트가 자라자 레긴은 있는 솜씨를 다하여 '그람(Gram)'이라는 칼을 만들어주었다. 그람은 칼날이 아주 날카로웠다. 지구르트는 칼을 이리저리 시험해보았다. 흐르는 강 한가운데 서서 칼을 물속에 넣고 가만히 서 있으니, 강물을 따라 흘러오던 양털 뭉치가 칼날에 닿자 그대로 둘로 갈라졌다. 칼날이 정말로 예리한 것을 알 수 있었다.

지구르트는 이 날카로운 칼날이 얼마나 강한지 시험해보고 싶었다. 그는 레긴이 작업하는 모루 위로 칼을 힘껏 내리쳤다. 쇠와 나무로 만든 모루는 바닥까지 그대로 둘로 쪼개지고 말았다. 칼날은 이루 말할 수 없이 강하였다. 지구르트는 세상에서 정말로 강하고도 날카로운 칼을 갖게 된 것이다.

레긴은 젊은 지구르트를 데리고 파프니르가 숨어 있는 그니타 황야로 갔다. 지구르트는 당연히 자신의 칼 '그람'을 가지고 갔다. 레긴이 지구르트에게 방법을 일러주어, 지구르트는 용이 물을 마시러 가는 길을 따라 깊은 구덩이를 팠다. 지구르트는 칼을 손에 움켜쥔 채 구덩이 안에 몸을 숨기고 용이 나오기를 기다렸다. 마침내 용이 물을 마시려고 동굴 밖으로 기어나왔다. 구덩이에 몸을 숨겼던 지구르트가 냇물로 향하여 가던 용의 심장을 겨누어 밑에서 칼을 힘껏 꽂아넣었다. 심장에 칼이 박힌 용은 그대로 죽었다. 반지의 저주가 두 번째로 실현된 것이다.

지구르트가 용을 죽이는 것을 멀리서 지켜보고 있던 레긴이 다가왔다. 지구르트는 용의 심장에 박힌 칼을 끄집어내는 중이었다. 레긴은 갑자기 딴사람이 되어 지구르트에게 이렇게 말했다.
"지구르트야, 네가 방금 칼로 찔러 죽인 용은 실은 내 형이다. 그러니 너는 내 형을 죽인 살인자다. 이제 네 잘못을 사죄하는 뜻으로 내 말을 잘 들어라. 용의 심장을 도려내 그것을 불에 구워서 내게 다오."
아무 생각 없이 레긴이 시키는 일을 했던 지구르트는 이 말에 깜짝 놀랐다. 나쁜 용을 죽였을 뿐인데 자기가 레긴의 형을 죽인 살인자라고? 하지만 이미 끝난 일을 이제 와서 어쩌겠는가? 레긴은 말을 마치고 나서 무릎을 굽히더니 파프니르의 피를 마셨다. 기운이 약한 레긴은 형의 피를 마시고 용의 힘을 물려받고 싶었던 것이다. 용의 피를 마신 레긴은 그 자리에 그대로 쓰러져 잠이 들었다.
레긴이 잠이 들자 지구르트는 용의 몸에서 심장을 꺼내 불에 굽기 시작하였다. 커다란 심장을 이리저리 돌려가면서 구웠다. 이제는 익었

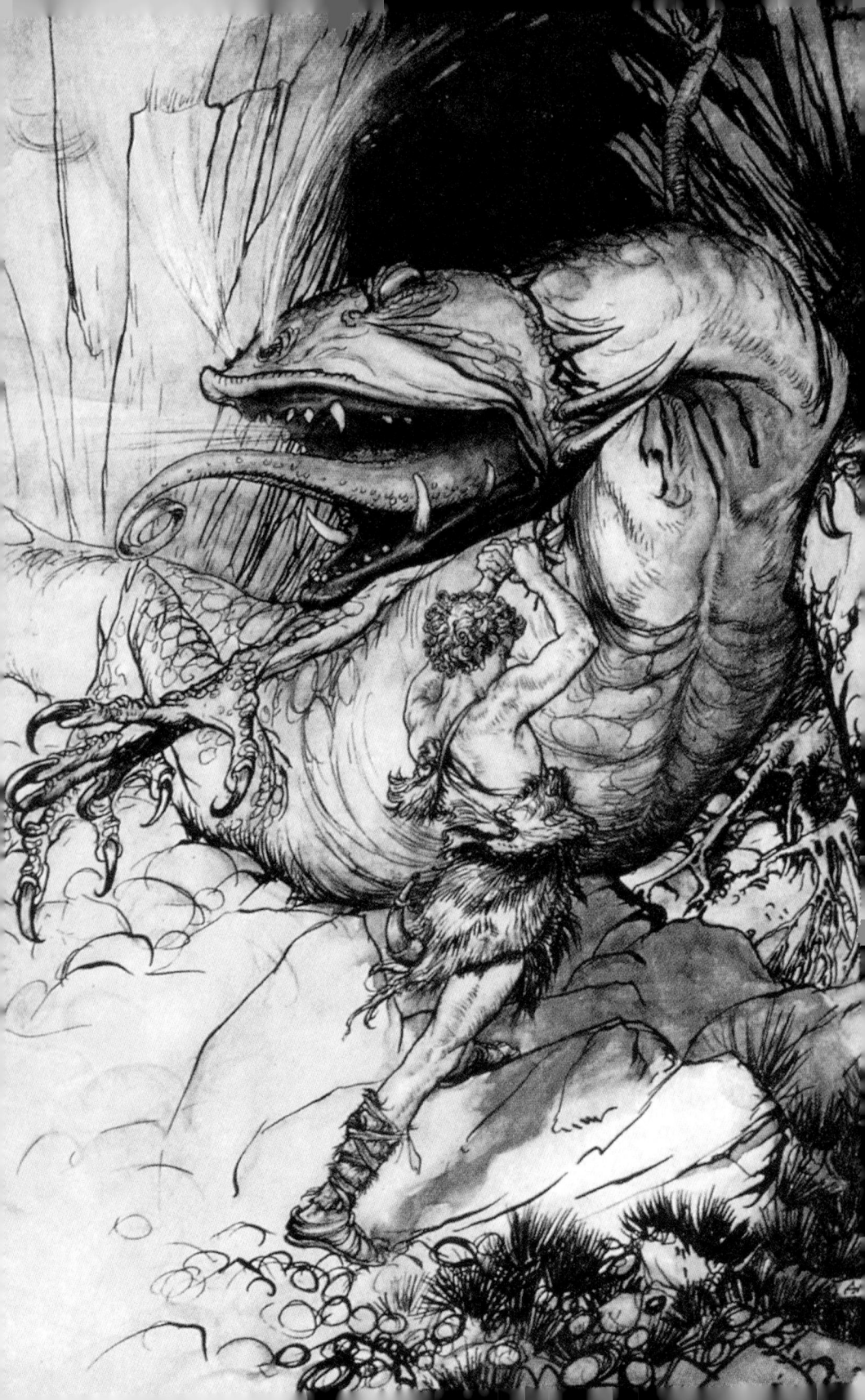

겠지 생각하면서 잘 물렀는지 알아보려고 손가락으로 심장을 눌러보다가 심장에 붙어 있던 뜨거운 지방분에 손가락을 데었다. 그는 깜짝 놀라 손가락을 얼른 입으로 가져갔다. 아이들이 흔히 하는 식으로 다친 손가락을 입으로 빨았다. 그는 이렇게 우연히 용의 피를 입에 넣었다. 용의 심장에서 나온 피가 혀끝에 닿자 지구르트는 갑자기 새의 말을 이해할 수 있게 되었다.

독수리들이 근처에서 노래하고 있었다. 그 말이 지구르트의 귀에 들려왔다.

"지구르트가 몸에 피를 묻힌 채 저기 앉아
불을 피워 파프니르의 심장을 굽는구나.
반지의 파괴자인 그가 빛나는 생명의 살을
먹는다면 영리한 일이련만."

지구르트는 새의 노랫말을 곰곰 생각하고는 용의 심장을 자기가 먹었다. 그러자 또 다른 독수리도 노래하였다.

"저기 레긴이 누워 있네. 저를 믿는 남자를
그가 속인다는 것을 알아두어라.
속이 시커먼 대장장이가 형에게 복수를 하고는
제 잘못을 남에게 덮어씌우는구나."

레긴은 파프니르가 가진 보물을 빼앗기 위해 지구르트를 꾀어 용을 죽이게 한다. 그러고는 용의 죽음을 지구르트의 잘못으로 돌린다. 아서 래컴의 그림, 1911년.

용의 심장을 먹는 자는 용의 기운을 얻어 더 강해지고 새들의 말을 들을 수 있다. 우연히 용의 피를 먹은 지구르트는 새의 말을 듣고 레긴을 죽인 후 저주받은 반지와 보물을 차지한다. 목판 조각, 12세기

지구르트는 이번에도 새의 노래가 담고 있는 깊은 뜻을 알아들었다. 그는 얼른 레긴에게로 가서 그를 죽였다. 그가 자기를 속였기 때문이다. 레긴은 용의 심장을 먹고 힘을 얻으면 지구르트를 죽일 셈이었다.

지구르트는 새의 노래를 듣고, '그라니(Grani)'라는 레긴의 말을 타고 파프니르가 지키던 동굴로 들어갔다. 지구르트는 동굴에서 보물을 찾아내 두 덩이로 짐을 꾸렸다. 보물 짐을 그라니의 등에 싣고

자신도 말에 올라타고 길을 떠났다. 그가 홀로 숲길을 나아갈 때 독수리들이 안내를 하였다.

용을 죽인 순진한 영웅 지구르트는 아무것도 모른 채로, 저주받은 반지와 보물을 차지하였다. 앞으로 그의 운명은 어찌 될까?

보물을 중개하는 불의 신 로키

불의 신 로키는 바네 신도 아제 신도 아니다. 그의 아버지는 거인 파르바우티(Farbauti)이고, 어머니는 아제 여신인 라우파이야(Laufeyja) 또는 날(Nal)이다. 로키는 아제나 바네 출신이 아니면서도 아스가르트에서 아제 신들과 함께 살고 있어서, 아제 신들에 속하는 신이다. 스노리에 따르면 로키는 매우 아름답지만 아주 변덕스럽고 사악한 측면이 있다. 간교한 지혜나 남을 속이는 기술은 다른 모두를 능가한다. 아제 신들을 자주 곤경에 빠뜨리지만, 또한 기지와 영리함으로 신들이 곤경에서 벗어나도록 돕기도 한다.

그는 오딘이나 토르 같은 가장 중요한 신들의 동반자로 자주 등장한다. 로키는 다른 어떤 지혜로운 존재 못지않게 오딘이 자주 고민을

털어놓는 상대이고, 또 궁지에 몰린 토르에게 꾀를 빌려주고 직접 도움도 준다. 그러면서도 거의 언제나 신들의 미움을 산다.

로키는 세상에서 벌어지는 일을 잘 알고 있으며 호기심도 많고 아는 것도 많다. 아무 데나 참견하기 좋아해 언제나 말썽에 휘말리며, 결국은 아스가르트에서 귀찮은 문제들을 마지막으로 해결하는 존재이기도 하다. 아주 쓸모가 많으면서도 언제나 신들의 미움을 받는 존재가 바로 로키다. 그만큼 그가 숱한 말썽의 원인을 제공하고 있다는 뜻이다. 다른 말로 하면 그는 세계의 여러 신화 중에서도 가장 유명한, 말썽을 일으키는 존재인 '트릭스터(Trickster)'이다.

로키가 불의 신임을 기억한다면, 그의 이런 복잡성이 불의 특성과 관계있음을 알 수 있다. 불은 인간의 생활에 아주 쓸모가 많지만 동시에 매우 위험한 요소이기도 하다. 불을 잘 쓰면 생활에 큰 도움이 되지만 자칫 잘못 다루었다가는 엄청난 재앙을 불러올 수도 있다.

또한 지진이나 화산 폭발, 번개와 산불 등 대규모 자연재해에서도 불은 핵심적인 역할을 한다. 게다가 전쟁에 사용되는 총과 대포 등 모든 화기(火器)는 불과 관련된 것 아니던가. 불은 자연재앙이나 전쟁에서 직접적인 공포를 불러일으킨다. 이런 점들을 기억하고 북유럽 신화에서 로키 신이 차지하는 독특한 역할을 조금 더 자세히 살펴보기로 하자.

먼저 로키 신은 보물을 중개하는 신이다. 프라야의 목걸이 브리징가멘만 빼면 아스가르트 신들의 보물은 모두 로키의 중개로 얻은 것이다. 심지어 브리징가멘도 로키의 손에 한번 들어갔다가 프라야 여신에게로 도로 돌아간다. 그가 목걸이를 훔쳤던 일을 기억해보라.

보물을 중개하는 로키의 모습에 불의 신의 특성 하나가 드러나 있다. 대개의 보물은 광물을 불로 달구고 녹여서 새로운 모양으로 만들거나, 아니면 보석을 연마해서 얻는다. 귀한 보석을 연마했다 해도, 그것을 다시 반지, 목걸이, 팔찌, 혁대 등으로 만들기 위해서는 다른 광물이나 가죽과 결합시켜야 한다. 옛날에 그런 작업을 위해서는 늘 불의 힘이 필요하였다.

게르만 세계에서 보석을 가공하고 이용하여 보물을 만들어내는 대장장이 노릇은 난쟁이들이 맡는다. 이들은 당연히 불을 이용한다. 여기서 난쟁이들과 로키 신의 특별한 관계가 생겨난다. 로키는 불의 신이기 때문이다. 난쟁이들의 나라(스바르트알프하임)에서 작업하는 대장장이들은 누구나 로키 신의 도움을 받았다. 그래서 그들은 로키 신의 말에는 별다른 저항 없이 복종한다.

이렇게 보면 난쟁이들이 만든 보물을 로키 신이 아스가르트의 신들에게 전하는 배경과 이유가 분명히 드러난다. 로키는 난쟁이들이 만든 모든 보물에 언제든 섭근이 가능한 신이다. 그래서인지 그 자신은 보물에 집착하지 않는다. 황금열망 굴바이크 여신이 세상을 돌아다닌 이후로 신, 거인, 난쟁이, 인간 들이 모두 보물을 탐내건만 오로지 로키만은 그 열망에 물들지 않는다.

그래서 로키 신은 그 어떤 황금 상징물도 몸에 지니지 않는다. 불의 신이 금붙이를 지닐 수 없음을 생각하면 이는 당연한 일이다. 어떤 금붙이라도 그가 몸에 지녔다가는 녹아버리고 말 것이다. 게다가 바

보물을 중개하는 불의 신 로키는 언제든 보물에 접근할 수 있지만 보물에 집착하지는 않는다. 〈니벨룽의 반지〉에서는 '로게'라는 이름으로 등장한다. 아서 래컴의 그림, 1910년.

로키는 북유럽 신화에서 기묘한 말썽꾼의 역할을 맡았다. 고전 비극의 '안타고니스트' 역할을 하는 로키(왼쪽)는 눈먼 신 회두르를 조종해 오딘의 아들 발데르를 죽게 함으로써 라그나뢰크가 일어나는 중요한 원인을 제공한다. C. 크바른스트롬의 조각, 대리석, 1890년경.

람을 타고 이리저리 자유롭게 이동하는 로키에게 금붙이 상징물은 너무 무겁다. 그는 난쟁이들에게서 얻은 모든 보물을 아낌없이 신들에게 건네준다. 만일 그가 황금열망에 물들어 스스로 보물을 탐내는 신이었다면 보물의 중개자가 될 수 없었을 것이다.

보물을 전하면서 그는 보물에 달라붙어 있는 저주도 함께 전한다. 로키 자신은 보물에 대한 욕심이 없기에 보물에 붙은 저주에서도 자유롭다.

보물을 탐내지 않는 신, 로키의 이런 점은 그에게 또 다른 독특한 특성을 만들어낸다. 그는 보물을 탐내지 않아서 보물을 탐내는 모든 존재들을 관찰할 시간이 충분하였다. 굴바이크 여신이 돌아다닌 이후로 세상의 모든 존재들은 보물을 서로 차지하려고 다투지 않던가? 심지어는 사랑처럼 눈에 보이지 않는 것조차 서로 차지하려고 다투지 않던가? 보물을 탐내지 않는 로키는 이런 욕심에서 자유로웠다. 그래서 남들이 다투는 동안 그들을 관찰한다.

로키는 지혜의 신은 아니지만 온 세상을 돌아다니며 많은 것을 구경하고 또 온갖 존재들이 보물을 놓고 다투는 것을 관찰한 신이라, 신과 거인과 난쟁이 들의 본질을 꽤 정확하게 꿰뚫어본다. 그들의 내면에 숨겨진 욕심을 보고 낄낄거린다. 예리한 관찰자였기에 누구를 만나든 그 마음속 욕심을 알아보고 그것을 이용하여 상대방을 쉽게 설득하거나 자극할 수 있는 것이다.

이렇듯 로키는 물질적 욕망을 넘어서면서 심술궂은 '심리 관찰자'의 경지로 올라선다. 그는 모든 존재들 속에 감추어진 욕망을 사납게 자극하고 부추겨 수많은 문제를 만들어낸다. 신들의 세계에서 생겨나는 많은 문제는 대부분 로키의 자극으로부터 시작된다. 말썽의 소지가 있는 곳에서는 어디서나 말썽을 빚어내는 것이다. 말썽꾼(트릭스터) 로키의 속성은, 그가 비록 경박스럽기는 해도 뛰어난 심리 관찰자라는 사실에서 비롯한다.

게다가 그는 말썽꾼일 뿐만 아니라 그 말썽을 해결하는 존재이기도 하다. 중요한 보물 이야기에는 모두 로키 신이 개입하고 있는데, 그가 문제를 시작하고 또 결국은 사건을 마무리 짓는다.

말썽꾼/트릭스터 로키는 북유럽 신들의 이야기에서 매우 독특한 위치를 차지하는 신이다. 북유럽 신화의 출전 문서들이 원래 문학작품이고, 이들 작품을 쓴 시인들이 대단히 날카로운 아이러니의 감각을 가진 사람들이라, 신들의 모습은 위대하고 장엄하기보다 어딘지 우스꽝스럽고 일그러져 있는 것이 사실이다. 그럼에도 불구하고 신들은 본질적으로 고귀한 존재이다. 이따금 인간들처럼 어리석은 짓을 저지르곤 하지만 그래도 신들은 권능이 크고 고귀하다.

그들이 변덕을 부린다 해도 인간의 차원하고는 비교할 수 없다. 그것은 마치 자연이 변덕을 부리는 것과 비슷하다. 그렇기 때문에 신들의 이야기는 단조롭고 지루해지기 쉽다. 심술궂은 거인들과 싸우는 이야기는 많아도, 고귀한 신들이 복합적인 사건을 일으키는 경우는 흔하지 않다. 이런 신들의 이야기에서 로키는 사건의 추진력이 된다. 그가 언제나 말썽(갈등)을 일으키는 것이다. 새로운 말썽은 곧 새로운 이야기가 된다.

연극, 특히 고전 비극에서 사건에 추진력을 부여하는 인물을 우리는 '안타고니스트(Antagonist)', 곧 반(反)주인공이라 부른다. 주인공에 맞서는 나쁜 주인공이 곧 안타고니스트이다. 고전 비극의 주인공은 원래 고귀한 신분에 고귀한 성품을 지닌 인물로 한정되어 있다(아리스토텔레스). 그런 고귀한 주인공이 추락하고 몰락하는 내용이 바로 고전 비극의 핵심이다.

그러나 고귀한 주인공은 스스로 간계나 계략을 써서 사건을 만들어내는 법이 없기에 사건 자체가 일어날 계기가 별로 없다. 그래서 비극에서는 보통 상황이나 운명이 이상하게 꼬여서 주인공을 사건으로 끌

단조롭고 지루해지기 쉬운 신들의 이야기에서, 로키의 말썽은 사건의 추진력이 된다. 라그나뢰크가 시작되기 전, 에기르의 연회에서 신들에게 욕설을 퍼부은 로키는 그 벌로 바위에 묶여야 했다. 독뱀의 입에서 떨어지는 독 방울을 로키의 아내 지긴이 받아내고 있다. M. E. 윙지의 그림, 1890년경.

어들이거나(운명비극, 소포클레스의 〈오이디푸스 왕〉), 아니면 사악한 욕심을 지닌 반주인공이 등장하여 사건을 일으킨다(셰익스피어의 〈오셀로〉에 등장하는 이아고를 생각해보라). 그러면 고귀한 주인공이 여기 말려드는 것이다(인물비극).

북유럽 신화 전체를 시작과 끝이 있는 하나의 사건으로 보고, 오딘과 토르 신을 주인공으로 잡는다면, 주인공에 맞서는 안타고니스트 역할을 맡은 신이 바로 로키다. 그가 수많은 사건을 만들어내고 앞으로 끌고 가는 추진력이다. 신들의 이야기 전체가 바로 로키 신의 기묘한 말썽꾼 역할에 힘입어 앞으로 나아가는 것이다. 이것은 신화 전체를 하나의 큰 줄거리로 잡았을 때 나타나는 로키의 특성이다.

이렇게 정리해놓고 보면, 그가 바로 신들의 최후(라그나뢰크)를 불러들이는 원인이라는 것이 논리적으로 너무나 당연하다. 세계가 처음으로 시작하는 자리에 로키 신은 없었지만, 신들의 최후에서 그는 핵심적인 역할을 맡는다. 그가 자주 오딘 신과 토르 신을 동반하고 등장하였지만, 마지막에 가서 그는 신들에 대적하여 싸우는 거인들 편에 선다. 로키 신의 감추어진 정체가 신들의 적이었다는 뜻이다. 그는 말썽꾼으로 신들의 이야기에서 추진력이자, 신들의 세계를 몰락으로 이끌어가는 파괴자이다. 신들이 최후를 맞이할 때 로키 자신도 함께 최후를 맞는다. 전형적인 안타고니스트의 운명이다.

그러나 이 또한 불의 신으로서 너무나 당연한 일이기도 하다. 그는 최후의 전쟁에서 타오르는 재앙의 불길인 것이다. 로키는 세계 신화에서 유례없는 복합적 특성을 지닌 신이다.

그가 신들의 최후를 불러들이고, 모든 신을 자신의 불길로 태운다는 점을 생각해보면, 인도 신화에 나타나는 세계의 파괴자인 시바(Shiva) 신과 비슷한 특성을 갖는다. 생겨난 것이 도로 스러져야 새로운 것이 나오는 법, 모든 것을 거두어가는 냉혹한 파괴자라는 점에서 로키 신은 시바 신과 닮았다. 하지만 모든 것을 거두어들이는 시바 신은 바로 다음 순간 새로운 것이 시작될 터전을 마련하는 창조의 신이기도 하다.

북유럽 신화에서 로키는 가장 이상하고, 그래서 특이한 매력을 지닌 신이다. 비록 그가 자주 우스운 꼴로 등장하여도, 그 속에 품고 있는 거대한 세계 변혁의 힘은 우리의 상상을 초월한다. 다만 북유럽 신화의 이야기들은 기독교 시인들이 쓴 문학작품인지라, 오딘이나 토르, 로키 신에 대한 경외심이 적은 편이다. 그래서 우리는 우스꽝스런 신들의 모습만을 주로 보게 된다.

아이러니를 특성으로 삼는 문학작품에 등장하는 언어를 넘어, 우리가 살고 있는 대자연의 실체를 경외심으로 바리보는 사람만이, 먼 옛날 게르만 사람들이 이 위대한 신들에게 품었던 높은 경의를 짐작할 수 있을 것이다.

달콤한 언어의 에센스, 시인들의 꿀술

아제 신들과 바네 신들 사이의 전쟁이 끝나고 평화조약을 맺을 때 오딘 신은 양쪽의 모든 신을 한자리에 모았다. 그러곤 커다란 함지 하나를 마련하여, 오딘 신의 권위를 인정하는 모든 신은 이 함지에 침을 뱉어넣으라고 하였다. 그렇게 해서 함지에는 신들의 침이 가득 고였다. 아제 신들은 이렇게 모인 평화의 상징, 곧 신들의 침을 없애버리고 싶지 않았다. 그래서 신들은 그것으로 남자 하나를 만들었다. 신들은 그에게 크바지르(Kwasir)라는 이름을 붙여주고, 오딘 신이 손수 훌륭한 혀를 만들어주었다. 이렇듯 크바지르는 신들의 순수한 침이자 오딘이 만든 혀였다.

신들의 혀인 크바지르는 당연히 아주 현명하고, 또한 지혜로운 말을 할 줄 알았다. 세상의 많은 일들에 대해서도 잘 알았다. 그는 인간들이 사는 중간계와 온 세상을 돌아다니며, 이제 신들이 세계를 지배하게 되었음을 모두에게 알리는 일을 맡았다. 현명한 크바지르는 어느 누가 어떤 질문을 해도 언제나 가장 훌륭한 답변을 알았다. 그를 통해서 이제 신들의 세계 지배가 온 세상에 선포되었다. 그는 인간을 가르치는 지혜로운 존재였다.

어느 날 오딘의 까마귀들이 크바지르가 죽었다는 소식을 가져왔다. 오딘은 자신의 옥좌에 앉아 바라보는 것만으로는 모자라 사태를 직접 확인하기 위해 길을 떠났다. 손에는 지팡이를 들고, 챙이 넓은 모자를 푹 눌러 써서 애꾸눈을 가리고, 폭이 넓은 망토를 걸쳤다. 오딘은 수많은 모습으로 변신할 수 있었지만, 이런 이름 없는 나그네의 모습으로 세상을 떠돌아다닐 때도 많았다.

머지않아 오딘 신은 무슨 일이 있었는지 자세히 알게 되었다. 크바지르는 난쟁이 피얄라르(Fjalar)와 갈라르(Galar)의 초대를 받고 그들의 집으로 갔다. 이들은 힘도 좋고 꾀도 많은 사악한 난쟁이였다. 그리고 모든 난쟁이들이 그렇듯 무엇이든 훌륭하게 만들어내는 솜씨가 뛰어났다.

난쟁이들은 마치 특별히 물어볼 말이라도 있다는 듯이 크바지르를 식탁에서 따로 불러내 조용한 곳으로 데려갔다. 그러고는 별말도 없이 다짜고짜 칼로 찔러 죽였다. 그들은 미리 준비해두었던 항아리에 크바지르의 피를 받았다. 솜씨 좋은 난쟁이들은 크바지르의 귀한 피를 단 한 방울도 흘리지 않았다. 그들은 아마 신들의 침으로 만든 인간인 크

신들의 침을 모아 만든 크바지르는 현명하고 지혜로운 존재였지만 못된 난쟁이들에게 죽임을 당한다. 한 손에 술주전자를, 다른 손에 종이를 들고 있는 크바지르. 《스노리 에다》의 삽화, 1760년.

바지르의 피를 원했던 모양이다. 그것은 이 세상에서 얻을 수 있는 최고의 에센스였으니 난쟁이들이 욕심낼 만도 했다.

난쟁이들은 크바지르의 피에 꿀을 섞어서 아주 맛이 좋은 꿀술을 빚었다. 난쟁이들이 지혜의 에센스와 꿀을 섞어 만든 이 술은 세상에서 가장 뛰어난 시의 음료가 되었다. 이것을 마신 신이나 사람은 누구나 뛰어난 언어의 재능을 지닌 시인이 되었다. 아름답고 구슬픈 노래를 부르고, 또 신과 인간과 세계의 운명을 노래하는 시를 쓸 수 있게 되었다. 사실 우리에게 재미있고 신비로운 《에다》의 노래를 들려주는 시인들도 모두 이 음료를 마신 사람들이었다.

난쟁이들은 이 귀한 술을 항아리 세 개에 담아 보관하였다. 그러고는 누구에게도 나누어주려 하지 않았다. 누군가가 그들이 초대했던 크바지르가 어떻게 되었느냐고 묻기라도 하면 이렇게 대답하곤 했다.

"크바지르는 제 지혜가 넘쳐 그만 거기 빠져 죽었다오."

시간이 얼마쯤 흐른 다음 난쟁이들은 이번에는 길링(Gilling)이라는 거인과 그 아내를 자신들의 집으로 초대하였다. 난쟁이들은 거인 부부를 잘 대접하였다. 다음날 그들은 길링에게 자기들과 함께 배를 타고 바다로 나가자고 제안하였다. 길링은 바다를 모르는 거인이었지만 자기를 초대해준 친절한 난쟁이들의 말을 거절할 수 없었다.

길링은 아내를 난쟁이들 집에 남겨두고, 그들과 함께 배를 타고 바다로 나갔다. 배를 타고 육지에서 조금 떨어진 곳에 이르자, 난쟁이들이 갑자기 노를 저어 암벽이 있는 곳으로 배를 몰아가서는 당황하는 척하면서 배를 뒤집었다. 헤엄을 치지 못하는 길링은 그 자리에서 물에 빠져 죽었다. 거인이 죽은 다음 난쟁이들은 배를 다시 뒤집어서 원래대로 돌리고는 뭍으로 돌아왔다.

그들은 집으로 돌아와 거인의 아내에게, 바다에서 배가 뒤집히는 바람에 길링이 물에 빠져 죽었다고 알려주었다. 그녀는 멀쩡하던 남편이 그렇게 갑자기 죽었다는 소식에 너무 슬퍼서 울었다. 거인의 아내가 슬피 우는 꼴을 보고 피얄라르가 갈라르에게 말했다.

"저 거인 여편네가 질질 짜는 꼴을 참을 수가 없어. 내가 여자를 밖으로 데리고 나갈 테니, 네가 문설주 위로 올라가 미리 맷돌을 들고 기다리다가 여자가 문을 나설 때 맷돌을 머리에 떨어뜨려라."

"알았어."

이렇게 작당을 하고는 피얄라르가 길링의 아내에게 물었다.

"혹시 남편이 빠져 죽은 바다라도 본다면 기분이 좀 나아지겠소?"

"그래요, 그러면 좀 낫겠소."

그리고 여자가 문을 나설 때 정말로 갈라르가 그녀의 머리에 맷돌을 떨어뜨려서 거인의 아내까지 죽여버렸다. 그들이 어째서 그런 짓을 했는지는 알려지지 않았다.

죽은 길링의 조카인 거인 주퉁(Suttung)이 이 소식을 듣고 쫓아와서 난쟁이들을 붙잡아 바다로 끌고 갔다. 그러곤 난쟁이들을 암초 위에 묶어놓았다. 바닷물이 들면 그들은 그대로 물에 빠져 죽을 판이었다. 난쟁이들은 목숨만 살려달라고 애걸복걸하면서 그 대가로 소중한 꿀술을 주겠노라고 제안하였다. 주퉁은 난쟁이들의 애원을 받아들였다. 이렇게 해서 세상에 다시없이 귀한 꿀술은 난쟁이들에게서 거인 주퉁의 손으로 넘어갔다.

주퉁은 꿀술이 담긴 항아리 셋을 모조리 집으로 가져다가 흐니트(Hnit) 산 깊은 동굴 요새 안에 감추었다. 그러곤 딸 군뢰트(Gunnlöd)에게 꿀술을 지키게 하였다.

이런 사연으로 해서 고대 아이슬란드의 시인(스칼데 Skalde)들의 예술, 곧 시 예술은 '크바지르의 피', 또는 '난쟁이들의 음료'라 불렸고, 이따금 '주퉁의 꿀술'이라 불리기도 했다.

난쟁이들이 만든 꿀술은 이렇게 거인 주퉁의 꿀술이 되었다. 나그네가 된 오딘은 그동안 일어난 모든 일을 자세히 알게 되었다.

그는 솜씨 좋은 난쟁이들이 빚은 꿀술을 한번 맛보고 싶었고, 또 어떻게 해서든 그것을 거인의 손에서 되찾고 싶었다. 오딘은 어차피 포도주나 귀한 술을 마실 뿐 다른 먹을 것은 입에 대지 않는 신이었다. 그러니 더욱 그 귀한 술을 되찾고 싶었다. 게다가 고약한 놈들이 이런 특별한 술을 갖는 것을 그대로 두고 볼 수 없었다. 원래 신들이 힘을 합쳐서 그 침으로 크바지르를 만들었으니, 꿀술은 신들의 보물이기도 했다. 그러나 주퉁은 무척 힘이 좋은 거인이어서 함부로 다룰 수 없었다.

오딘은 먼저 주퉁의 동생 바우기(Baugi)를 찾아갔다. 그가 소유한 들판에서 머슴 아홉이 긴 막대 손잡이가 달린 낫으로 건초 만들 풀을 베고 있었다. 오딘은 그들에게 낫을 갈아주겠노라고 제안하였다. 그러고는 허리춤에서 숫돌을 꺼내 그들의 낫을 갈아주었다. 낫이 아주 잘 드는 것을 보고 머슴들이 저마다 오딘에게 물었다.

"이 돌을 내게 팔면 어떤가?"

"나야 상관없으니, 누구든 원하는 사람이 내고 싶은 만큼 값을 내고 숫돌을 가져가구려."

그러자 머슴들은 너나없이 모두 제가 숫돌을 사겠노라고 고집을 부

오딘 신이 까마귀와 늑대를 거느리고 창 궁니르를 손에 들고 깊은 사색에 잠겨 있다. 이따금 그는 이런 모습으로 자신의 옥좌인 흘리츠키얄프에 앉아 아홉 세계를 굽어본다. T. 번 존스의 그림, 1870년경.

렸다. 머슴들이 서로 숫돌을 차지하려고 떠드는 꼴을 보고는 오딘이 말했다.

"누구든 숫돌을 잡는 사람이 임자다."

그 말과 함께 그가 숫돌을 하늘 높이 던지자 머슴 아홉이 저마다 낫을 든 손을 하늘 높이 쳐들고 숫돌을 잡으려고 휘둘러댔다. 그 바람에 잘 갈아놓은 낫으로 서로 상대의 목을 베어 머슴 아홉이 모조리 죽고 말았다.

머슴 아홉이 모조리 죽은 다음 오딘은 시치미를 뚝 떼고 바우기에게로 가서 하룻밤 묵어가게 해달라고 청하였다. 이튿날 아침 바우기는 오딘을 보고 이렇게 탄식하였다.

"어제 우리 집에서 부리는 머슴 아홉이 서로 목을 베어 모조리 죽이고 또 죽고 말았다오. 이제 그 많은 건초를 어떻게 만들면 좋을지 모르겠네."

그러자 오딘이 말했다.

"그들 대신 내가 들판에서 자라는 풀을 베어 건초를 만들면 어떻겠소?"

바우기가 물었다.

"한여름내 머슴 아홉 명분의 일을 하고, 그 대가로 무엇을 받으려오?"

"주통의 꿀술 한 모금만 마시게 해주면 되오."

"하지만 꿀술은 내 것이 아니라 형 것인데. 형은 누구에게도 그것을 내주지 않는데."

"그래도 형한테 물어볼 수는 있을 터인데."

"만일 그가 싫다면 어쩌고?"

바우기가 물었다.

"그럼 그때 가서 어쨌든 내가 꿀술을 마실 수 있도록 도와주면 되지."

이런 조건이라면 별로 손해가 아니라고 생각한 바우기가 오딘의 말에 동의하였다. 오딘 신은 머슴 아홉 명분의 건초를 만드느라 여름내 들판에서 땀을 흘리며 일을 하였다. 겨울이 시작되자 오딘은 여름내 머슴 노릇한 새경을 요구하였다. 약속대로 바우기는 먼저 형에게로 찾아가 자신의 머슴에게 꿀술을 맛보게 해달라고 청하였지만 주퉁은 한 모금도 줄 수 없다고 칼로 자르듯 거절하였다.

오딘과 바우기는 다른 수를 찾아야만 했다. 그래서 둘은 주퉁이 볼 수 없게 산의 뒤편으로 갔다. 오딘이 구멍 뚫는 기계(천공기)를 거인에게 주며 그것으로 동굴 안에 닿을 때까지 구멍을 뚫으라고 요구했다. 미리 약속을 해둔 터라 힘센 거인 바우기가 구멍을 뚫기 시작하였다. 한참 뒤에 바우기가 구멍을 다 뚫었다고 말했다. 오딘이 구멍 안으로 바람을 불어넣자 돌조각과 파편 들이 이쪽으로 날아왔다.

"구멍이 저 속까지 완전히 뚫리지는 않았소."

거인이 다시 한참 일을 하고 난 다음 오딘이 구멍에 바람을 불어넣자 이번에는 파편들이 안으로 들어갔다. 주퉁의 요새 속까지 구멍이 뚫린 것이다.

하지만 그것은 지름이 작은 구멍에 지나지 않았다. 바우기는 오딘이 이 작은 구멍으로 무엇을 어쩌겠나 하고 바라보았다. 오딘은 재빨리 뱀으로 변하여 구멍 안으로 기어들어갔다. 바우기는 자기가 속은 것을 알고 구멍 뚫는 기계의 뾰족한 끝으로 구멍 속을 찔러댔지만 뱀을 맞히지는 못했다. 그렇다고 오딘을 돕느라 제가 산에 구멍 뚫은 이야기를 형에게 고백할 수도 없는 노릇이었다.

뱀의 모습으로 기어서 요새 안으로 들어가자마자 오딘은 얼른 원래 모습을 되찾았다. 그곳 가장 깊은 방에서 주퉁의 딸 군뢰트가 소중한 꿀술이 담긴 항아리들을 지키고 있었다. 그녀는 덩치가 크고 힘이 센 거인이었지만 오딘은 그런 것쯤 아랑곳하지 않았다. 그는 타고난 매력과 루네 마법의 힘으로 그녀를 홀렸다. 그가 애꾸눈이라도 상관없었다. 군뢰트는 오딘을 보자마자 사랑에 빠져서 얼른 그를 끌어안았다.

오딘은 그곳에서 사흘 밤을 머물며 그녀와 잠자리를 같이하였다. 그리고 밤마다 꿀술을 한 모금씩 마셨다. 첫째 날 밤에 항아리 하나를 비우고, 둘째 날 밤에 또 하나를 비우고, 셋째 날 밤에 세 번째 항아리에 남은 꿀술까지 모조리 마셔버렸다. 셋째 날 밤에 군뢰트가 잠이 들자마자 오딘은 재빨리 독수리로 변신해 하늘로 날아올랐다.

하지만 꿀술을 보관해둔 자신의 동굴 요새에서 커다란 독수리 한 마리가 하늘로 날아오르는 것을 보고 주퉁은 재빨리 사태를 알아챘다. 주퉁도 얼른 독수리로 변신하여 앞서 날아가는 배불뚝이 독수리를 뒤쫓아갔다. 꿀술을 배가 터지도록 마신 오딘 독수리는 빨리 날 수가 없어서 두 독수리 사이의 거리가 차츰 좁혀졌다.

아스가르트의 파수꾼 하임달은 저 멀리서 배불뚝이 독수리가 날아오는 것을 보고 얼른 다른 신들을 불렀고, 그들은 항아리를 준비하고 기다렸다. 그러나 오딘은 아스가르트의 성벽 안으로 들어오기도 전에 거의 잡힐 지경이 되었다. 하는 수 없이 그는 꿀술 일부를 오줌으로 내보냈고, 쫓아오던 독수리의 눈에 이 오줌이 들어가자 주퉁은 잠깐 눈을 뜰 수 없었다. 이제 신들은 돌과 창을 던져 주퉁 독수리를 쫓아버렸다.

오딘은 신들이 준비한 항아리에 서둘러 꿀술을 모조리 토했다. 마시면 신이나 사람이 훌륭한 시인이 되는 꿀술이었다. 도중에 오딘 신이 오줌으로 흘린 꿀술은 주퉁의 눈과 얼굴을 거쳐 땅으로 떨어졌다. 그것은 누구든 주워서 마실 수 있었는데, 사람들은 이것을 열등한 시인들의 몫이라고 불렀다. 그것을 마신 사람들이 형편없는 작품을 썼기 때문이다. 이렇게 흘린 꿀술도 꽤 많았던지, 세상에는 형편없는 작품을 쓰는 시시한 시인들도 많다.

오딘이 되찾아온 시인들의 꿀술을 보관하는 임무는 오딘의 아들 브라기(Bragi) 신에게 맡겨졌다. 그 이후로 브라기는 시인들과 문학의 신이 되었다. 그는 젊음의 사과를 보관하는 이둔(Idun) 여신의 남편이기도 하다.

지혜의 신 오딘은 더 큰 지혜가 탐이 나서 힘든 노동 끝에 주통의 꿀술을 빼앗아온다. 청동 장식.

기나긴 겨울밤에 옛 북유럽 사람들은 단일한 줄거리가 아니라 복합적인 여러 요소를 지니고 계속 이어지는 이런 이야기들을 하면서 시간을 보냈다. 그들은 복잡한 줄거리와 상징적인 의미를 가진 이야기들을 정말로 즐겼던 것 같다. 그들은 아주 뛰어난 이야기꾼이었다.

그러나 무엇보다도 놀라운 것은 이들 옛 북유럽 사람들이 상징과 아이러니에 대한 놀라운 감각을 보여준다는 점이다. 단순히 재미있는 이야기를 할 수 있다는 것만으로 좋은 시인이 되는 것은 아니다. 좋은 작품을 만들기 위해서는 이런 문학적 감각이 꼭 필요하다는 점을 생각해보면 이들은 정말로 시인들의 꿀술을 마신 사람들이 분명하다.

신들의 침으로 만든 현인(賢人) 크바지르의 피에다. 솜씨 좋은 난쟁이들이 꿀을 섞어 만든 꿀술이 시인들의 술이라는 상징도 인상적이다.

침과 피와 꿀 등 생명의 에센스들을 혼합한 것이 시인들의 꿀술이거니와, 이는 아스가르트에서 출발하여 너른 세상과 난쟁이와 거인을 거쳐 신들의 나라 아스가르트로 돌아온다. 여러 에센스를 혼합하여 만든 음료는 다시 온 세상 온갖 존재들의 모험과 사랑과 죽음을 통한 발효 과정을 거친다. 그것은 어느 한 존재의 어느 한 가지 모험만으로 이루어진 것이 아니다.

이것을 되찾는 과정에서 오딘 신은 한여름내 머슴 아홉 명분의 일을 한다. 그리고 거인 여인을 사랑하고, 독수리가 되어 무거운 꿀술을 아스가르트로 운반한다. 운반 과정에서 꿀술은 지혜로운 오딘 신의 몸 안에 보관되었다가 도로 밖으로 나온다. 오딘 신이 곧 시인들의 꿀술을 보관하는 술통이었던 것이다. 이런 자발적인 노동과 고난을 통해 꿀술을 되찾아온 오딘은 시인들의 신이 되었다. 그렇다면 시인들이 그토록 자주 오딘 신을 노래한 이유가 설명된다. 시인들이 자기들의 신인 오딘을 노래한 것이다.

북유럽 신화는 시인들이 쓴 문학작품에 들어 있는 이야기들이다. 스노리 또한 젊은 시인들에게 시 쓰는 법을 설명하는 책에서 《옛 에다》에 숨겨진 이야기들을 산문으로 정리하고, 옛 시인들의 글 솜씨를 빌려 시의 운율을 설명하였다. 그것이 곧 《스노리 에다》이다.

북유럽 신화의 출전 자체가 이렇듯 시문학으로 이루어졌음을 기억한다면, 시인들의 꿀술 이야기가 갖는 상징성 또한 이해할 수 있을 것이다. 이 시인들은 모두 브라기 신, 나아가 오딘 신을 숭배하면서 특히 그들을 노래하는 시를 많이 남겼다. 시인은 바로 '신들의 침'이라는 에센스를 받아들인 사람이다.

오늘날 우리가 북유럽 신들과 영웅들의 이야기를 알 수 있는 것도 이들 시인이 남긴 작품 덕분이니, 시인들의 꿀술은 신들의 보물일 뿐 아니라 우리 인간의 보물이기도 하다. 북유럽의 기나긴 밤에 사람들은 긴 이야기를 주고받고, 시인들은 사람들의 마음을 사로잡는 이야기들을 노래로 만들어 들려주었다. 밤은 길고 긴데 이야기가 너무 짧고 단순하면 사람들의 마음을 채우기 어려웠을 것이다. 그래서 북유럽(게르만) 신화는 이야기 속에 또 다른 이야기가 들어 있는 식으로 복합적인 구조를 갖는다.

마법 맷돌 그로티

오딘 신은 세상에 수많은 아들을 남겼는데, 그들은 신뿐만 아니라 인간도 많았다. 그 중 스키올트(Skiöld)라는 아들이 있었는데, 그가 바로 스키올트 가문의 조상이다. 그는 오늘날의 덴마크 땅을 다스리는 통치자였다. 옛 사람들은 그곳을 고틀란드라고 불렀다. 스키올트의 아들과 그 아들이 대를 이어 고틀란드를 다스렸다.

로마 황제 아우구스투스가 온 세상을 평정하고 그리스도가 태어났을 때에는 스키올트의 후손 중 프로디(Frodi)라는 왕이 고틀란드를 다스렸다. 그는 당시 북부 유럽 지역에서 가장 강력한 왕이었다. 이 왕이 다스리던 시절 북유럽 지역, 특히 고틀란드는 몹시 평화로운 황금시대를 누렸다. 사람들은 그 시절의 평화를 '프로디의 평화'라고 불렀다.

그 시절에는 아무도 다른 사람을 해치지 않았다. 설사 자신의 아버지나 형을 죽인 살인자라도 피로 복수하지 않았다. 도둑도 강도도 없었고, 인적 없는 들판에 황금 반지가 떨어져 있어도 누구 하나 건드리지 않았다. 그야말로 그 옛날 좋던 시절이었다. 그러나 이 황금시절은 바로 다음과 같은 사정 때문에 순식간에 끝나버렸다.

옛날에 누군가 프로디 왕에게 마법의 맷돌 하나를 주었다. 그것은 그로티(Grotti)라는 맷돌이었다. 그로티는 돌 두 개를 합쳐서 만든 맷돌로, 두 사람이 힘을 합쳐 이 돌들을 서로 반대 방향으로 돌리게 되어 있었다. 돌리기만 한다면 그것은 주인이 무엇을 원하든 만들어낼 수 있었다. 하지만 아무도 이 돌들을 돌릴 수가 없었다. 고틀란드에는 사람이나 짐승이나 이 맷돌을 돌릴 만한 힘을 가진 존재가 없었다.

그래서 프로디 왕은 스비티오트(Swithiod, 스웨덴)의 왕인 퓰니르(Fiölnir)에게 심부름꾼을 보내, 그곳에서 건장하고 힘이 좋은 처녀 둘을 사오라고 시켰다. 그들은 페냐(Fenja)와 메냐(Menja)라는 처녀였다. 그들은 덩치가 좋고 신비로울 정도로 힘이 세면서도 아름다웠다. 심부름꾼이 그들을 데리고 돌아오자 왕은 그로티를 놓아둔 곳으로 두 처녀를 안내하였다. 왕은 그들에게 맷돌을 돌려 황금과 평화와 프로디의 행운을 만들어내라고 명령하였다.

페냐와 메냐는 쉬지 않고 맷돌을 돌려서 프로디의 황금과 평화를 만들어냈다. 그들은 잠시도 멈출 수 없었다. 그랬다가는 황금은 그만두고 왕국의 평화와 프로디의 행운마저 함께 멈출 것이기 때문이다. 그러면 무슨 일이 일어날지 아무도 몰랐다.

왕은 그들에게 뻐꾸기가 노래하며 잠시 멈추는 순간보다 더 긴 휴식을 허락하지 않았다. 그들이 쉬지 않고 일을 계속한다는 것을 왕이 쉽게 알 수 있도록 그들은 맷돌을 돌리면서 계속 노래를 불러야 했다. 그래서 그들은 잠시도 쉬지 않고 맷돌을 돌리면서 '그로티(맷돌) 노래'를 불렀으나 아무도 이 노래에 귀를 기울이지 않았다.

오랜 시간이 지난 다음, 피로에 지친 페냐와 메냐는 그로티 노래를 부르면서 병사들을 만들기 시작하였다. 밤이 되자 '뮈징르(Mysingr)'라는 해적이 군대를 이끌고 쳐들어와 프로디를 죽이고 그의 재산을 모조리 약탈하였다.

뮈징르는 프로디의 재산인 맷돌과 페냐와 메냐도 자신의 배에 실었다. 배가 나아가는 동안 뮈징르는 그들에게 맷돌을 돌려 소금을 만들라고 명령하였다. 한밤중이 되자 페냐와 메냐가 뮈징르에게 물었다.

"이만하면 충분한가요?"

하지만 뮈징르는 소금을 계속 더 만들라고 명령하였다. 페냐와 메냐는 그로티 노래를 부르면서 맷돌을 계속 돌려 소금을 만들었다. 그들이 소금을 계속 만들자 그 무게를 이기지 못하고 그만 배가 바다 속에 가라앉고 말았다. 바다 속 맷돌이 가라앉은 곳에는 아주 크고 깊은 구덩이가 생겨났다. 이날 이후로 바닷물에는 소금기가 섞이게 되었다.

아무도 페냐와 메냐가 부르는 '그로티 노래'에 귀를 기울이지 않았다. 그들이 부르는 노래를 들었더라면 그들이 누군지 알 수 있었을 것이다. 실은 그들은 거인들의 딸로 서로 사촌 사이였고, '앞일을 내다보는 여자들', 곧 일종의 여자 예언자였다. 그들은 마법의 힘을 지니고 있었기에 맷돌을 가볍게 돌렸다. 맷돌을 돌리면서 계속 노래를 불러 모든 사람을 잠들게 하였다.

처음에 모두가 잠들었을 때 그들은 이렇게 노래하였다.

"우리는 행운의 맷돌을 갈아 프로디를 위해 권력과 부와 황금을 만들어낸다. 그가 편안한 깃털 침대에서 잠자는 동안 우리는 맷돌을 갈아, 그의 나라에는 도둑이 없고 아무도 다른 사람을 해치지 않는다."

하지만 왕이 그들에게 아주 짧은 휴식만을 허락하고 그 기간이 길어졌을 때 그들은 이렇게 노래하였다.

"하지만 프로디여, 하녀들을 사올 때 충분히 조심하지 않았구나. 그들이 얼마나 튼튼한지, 얼굴이 얼마나 예쁜지만 보았지, 그들의 출신이 어떤지는 알아보지 않았구나."

"우리 아버지들은 힘센 형제 산악거인, 그들이 우리를 낳았다."

"산악거인의 딸이 편도(아몬드의 일종)를 건드리지 않았더라면 대지의 품에서 이 무거운 맷돌이 나오지 않았을 테고, 그랬더라면 그로티도 없었을 테지."

"우리는 땅속에서 편도 돌을 갖고 아홉 해를 놀았다. 그때 벌써 대단한 일들을 했지. 우린 바위를 떼어내 거인들이 사는 곳으로 굴러갔어. 땅이 흔들렸다. 우리가 이 돌을 치고 던져서 돌이 신음할 지경이었어. 돌이 둥글게 되었을 때 사람들이 가져갈 수 있도록 돌을 암벽에 붙여놓았지."

"그 뒤로 우리 '앞일을 내다보는 여자들'이 스웨덴에서 군대를 이끌었어. 곰들*을 물리치고, 방패도 깨뜨리고, 잿빛 군대에도 맞섰지.

영주들을 망하게 하고, 다른 사람들도 망하게 했다. 구토름(Gutthorm)이 크누이를 쓰러뜨릴 때도 우리가 도왔다."

"여름과 겨울에 우리는 그런 일을 했던 거야. 그런 다음 우리는 프로디 왕의 집으로 왔지. 이곳에서 고약한 대우를 받고 있다. 신발창에는 모래가 끼고 팔다리가 모두 춥구나. 우리는 원수를 위해 맷돌을 돌린다. 프로디의 운명이 사납구나."

"손이여 쉬어라, 맷돌아 멈추어라. 이제 우린 맷돌을 충분히 돌렸다. 하지만 프로디가 충분하다고 여길 때까지 손은 쉬지 못하네."

"그렇다면 영웅들아 일어나라. 손에 창을 쥐어라. 프로디여 깨어라. 깨어나 우리 노래와 옛이야기를 들어라."

"왕궁 동편에 불이 났다. 전쟁의 사자가 달려오는구나. 이제 군대는 준비를 마쳤다. 우리는 아직도 더욱 힘차게 맷돌을 돌린다. 우리는 이미 수많은 영주의 몰락을 보았으니, 이제는 맷돌에서 무거운 쇠붙이(무기)가 나오는구나. 그래도 계속 돌려라."

"하녀들은 있는 힘을 다해 맷돌을 돌린다. 맷돌에서 나온 병사들이 분노하였다. 그들이 왕에게 덤비는구나. 산악거인의 딸이 이제 이렇게 말한다. '프로디여, 드디어 우리 일이 끝났다. 우린 이제 맷돌을 충분히 돌렸다.'"

그들의 노래를 요약하면 이런 내용이다. 페냐와 메냐는 원래 산악거인 형제의 딸들이었다. 그들은 산속 동굴에서 놀곤 했는데, 그때 큰

＊ 오딘 신을 숭배하는 베르제르커(Berserker) 용사들은 곰 가죽을 둘러쓰고 싸웠다. 2권에서 자세히 다룬다.

바위들을 찾아내 마치 편도처럼 갖고 놀았다. 집으로 돌아올 때도 그 돌들을 굴려서 가지고 왔다. 이 돌들을 마치 공깃돌처럼 갖고 놀아 납작하고 둥근 맷돌처럼 되었는데, 그들은 사람들이 가져가기 좋은 자리에 맷돌을 놓아두었다.

먼저 스웨덴 사람들이 맷돌을 가져갔고, 페냐와 메냐는 맷돌을 돌려서 스웨덴의 여러 영주를 망하게 했다. 그리고 이제 프로디 왕에게로 오게 되었는데, 왕은 나라의 평화와 자신의 행운을 위해 그들에게 휴식을 주지 않았다. 지친 그들은 맷돌을 갈아, 왕의 행운이 아니라 왕을 죽일 원수들을 만들어낸 것이다.

페냐와 메냐는 맷돌을 돌려서 수많은 영주들과 왕들의 재앙을 만들어냈다. 하지만 그들은 바다의 소금도 만들어냈다. 바다의 소금은 모든 생명의 원천이다. 모든 생명체가 바다에서 나왔기 때문이다. 그것은 생명의 보물인 셈이다.

혹시 아는가? 지금도 그들이 어디선가 욕심 많은 권력자를 위해 맷돌을 돌리다가, 맷돌 주인의 욕심이 지나치자 분노에 사로잡혀 이번에는 그를 위해 큰 재앙을 만들어내고 있을지? 페냐와 메냐를 마녀라고 할 수도 있겠지만, 그들을 자극한 것은 그들에게 휴식도 주지 않은 프로디 왕의 끝없는 욕심 아니었던가? 그들은 '앞일을 내다보는 여자들' 이었다.

땅을 얻은
게프욘 여신

옛날 길피(Gylfi) 왕이 스웨덴을 다스리던 시절이었다. 길피는 이리저리 돌아다니기를 좋아했다. 왕은 이렇게 떠돌아다니다 우연히 늙은 여인을 만나 동굴에서 하룻밤을 같이 보내게 되었다. 하지만 우리가 생각하는 식의 낭만적인 하룻밤은 아니었다. 아니, 그야말로 낭만적인 하룻밤이었다고 말할 수도 있다.

여인은 옷차림이 지저분하고 나이도 많았으며, 길피 또한 그저 피로에 지친 나그네일 뿐이었다. 다만 여인네가 세상일을 많이 알고 있었기에 그에게 이런저런 이야기를 들려주었다. 그녀는 이 세상을 지배하는 아제 신들의 이야기도 들려주었다. 길피는 호기심 많고 매우 지적인 사람이었다. 길피 왕은 여인이 들려주는 이상한 이야기에 몹시 마음이 끌려서 그녀의 이야기를 귀담아들었다. 여인은 이야기 중간에 이따금 옛 시인들이 남긴 노래를 부르곤 하였다. 그 또한 신들의 이야기를 담은 노래였다.

그녀가 들려준 신들의 이야기는 왕의 마음을 깊이 사로잡았다. 이튿날 날이 밝자 왕은 그녀에게 자신의 신분을 밝혔다.

"지난밤 재미있는 이야기와 노래로 나를 즐겁게 해주었으니, 이제 내가 누군지 밝히겠소. 나는 스웨덴의 왕 길피요. 그대가 왕을 즐겁게 하였으니, 그대에게 보답을 하고 싶구려. 지금부터 하루 낮과 밤 동안에 황소 네 마리가 경작할 수 있는 땅덩이를 그대에게 주겠소."

그러나 이 늙은 여인은 실은 아제 출신 게프욘(Gefjon) 여신이 변장한 것이었다. 그녀는 길피 왕의 말을 듣고 당장 거인과의 사이에서 낳은 자신의 아들 넷을 불러왔다. 이들은 거인들의 땅인 요툰하임에 살고 있었는데 놀랍게도 황소의 모습을 하고 있었다.

여신은 황소들을 쟁기에 묶었다. 그리고 자신이 쟁기를 잡고 황소들을 몰아 땅을 갈기 시작하였다. 여신과 거인 사이에서 태어나 힘이 장사인 아들 넷은 땅을 아주 멀리, 그리고 아주 깊이 팠다. 이들이 땅을 하도 깊이 파는 바람에 하루 낮과 밤 만에 거대한 땅덩이를 통째로 파낼 수 있었다. 여신은 황소들을 계속 몰아 떼어낸 땅덩이를 끌고 멀리 서쪽 바다로 나아가서 바다 한가운데 내려놓았다.

여신이 이 땅을 바다에 고정시키자 섬이 되었다. 덴마크 영토에 속하는 거대한 셸란 섬(Sjælland, Seeland)이 그것이다. 오늘날 덴마크의 수도 코펜하겐은 바로 셸란 섬에 자리 잡고 있다. 게프욘 여신이 떼어 간 땅덩이가 붙어 있던 스웨덴 땅의 원래 자리에는 물이 고이면서 멜

라렌(Mälaren) 호수가 되었다.

지혜롭고도 마법을 익히고 있던 길피 왕은 이 사건이 있은 다음, 이 세상을 자기들 마음대로 다스리는 아제 신들에 대해 자세히 알고 싶었다. 특히 아제들이 정말로 자기들의 힘만으로 세상을 다스리는지, 실은 그들 뒤에 다른 신들이 있어 그들을 돕고 있는 건 아닌지 알고 싶었다. 그는 몰래 아스가르트로 찾아가기로 마음먹었다. 길피 왕은 우선 늙은이로 변장하여 자기 신분을 감추었다.

그러나 아제 신들은 앞으로 일어날 일을 미리 내다볼 수 있어서 머지않아 그가 찾아올 것을 알았다. 아제 신들은 길피 왕을 속이려고 상상의 건물을 만들어냈다. 물론 그런 건물은 실제로 아무 데도 없었다. 하지만 스스로 똑똑하다 여기는 어리석은 인간만은 거기서 화려하고 거대한 궁전을 보게 될 것이다. 그러니까 실은 헛것을 보게 될 참이었다. 신들은 길피 왕의 의도를 알았기에 궁전 안팎으로 만반의 준비를 갖추었다.

마침내 길피 왕이 도착하였다. 그는 그곳에 서 있는 거대하고 화려한 건물을 보고 속으로 은근히 놀랐다. 그가 성문으로 다가가자 문지기가 나그네에게 물었다.

"나그네는 이름이 무엇이며, 여기서 무엇을 원하시오?"

"내 이름은 강글레리(Gangleri)요. 이 아름다운 궁전에 있는 큰 홀을 보고 궁전의 주인과 이야기를 나누고 싶어 왔소이다."

문지기는 별말 없이 강글레리를 궁전의 중앙 홀로 안내하였다. 그 곳에는 옥좌 세 개가 놓여 있고 각각의 옥좌에 훌륭한 모습의 남자들

스웨덴의 왕 길피는 아제 신들을 염탐하기 위해 신들의 세계 아스가르트로 향하지만 결국은 신들에게 보기 좋게 속는다. 강글레리와 옥좌에 앉은 세 왕. 《스노리 에다》 필사본 삽화, 14세기.

이 앉아 있었다. 강글레리는 가장 낮은 자리에 있는 옥좌 앞으로 다가갔다. 그러자 그 옥좌에 앉아 있던 남자가 입을 열었다.

"내 이름은 하르(Har, 높은 자)요."

그 다음 옥좌에 앉은 왕은 얀하르(Jahnhar, 똑같이 높은 자)라고 했다. 마지막으로 가장 높은 곳에 앉은 왕은 자신을 트리디(Thridi, 세 번째 남자)라고 소개하였다.

강글레리도 홀에 있는 큼직한 의자에 자리를 잡았다. 하지만 그는 이야기를 나누기 위해 자주 자리에서 일어나 옥좌들 사이로 이리저리 오가곤 하였다. 나그네인 강글레리와 옥좌에 앉은 현명한 세 왕 사이에 길고 긴 문답이 시작되었다. 강글레리는 신들이 세계를 창조한 이야기를 시작으로, 아제 신들에 대해 수많은 질문을 하였다. 옥좌에 앉은 왕들이 대답한 내용 일부를 우리도 앞서 들었다. 그리고 뒤에 나오는 이야기도 상당 부분이 바로 강글레리가 세 왕과 나눈 문답에서 가져온 것이다.

이것이 바로 《스노리 에다》의 제1부 〈길피 왕이 헛것을 보다(Gylfaginning)〉의 시작 부분이기 때문이다. 길피가 여기서 보는 것 모두가 그를 속이기 위해 신들이 만들어낸 헛것이다. 그렇다면 우리가 듣는 이야기도 실은 모두 헛것이 아니던가. 모든 이야기는 현실이 아닌 상상 속의 건물처럼 허망하지만, 우리는 그 속에 깊이 빠져들어 그것이 헛것임을 잊는다. 길피 왕도 현명한 왕들의 이야기를 들으며 이야기에 깊이 빠져 다른 것을 모두 잊었다.

이들이 나누는 대화의 끝에 라그나뢰크 이야기가 등장한다. 그 이야기가 끝난 다음 강글레리는 자기가 서 있는 건물 사방에서 엄청나게 큰 소리가 나는 것을 들었다. 그가 몸을 돌려 이리저리 사방을 살펴보자, 그 크고 화려하던 건물과 옥좌에 앉아 있던 사람들은 모두 온데간데없이 사라지고, 아무도 없는 너른 들판에 자기 혼자만 서 있었다. 그동안 헛것에 홀려 있던 강글레리는 한동안 멍하니 서 있다가 하릴없이 고향으로 돌아갔다. 자신의 왕국으로 돌아온 왕은 그곳에서 보고 들었던 것을 모두 이야기하였고, 다른 사람들도 그의 이야기를 널리 전파하였다.

그러므로 스웨덴에서 땅을 떼어다가 덴마크 사람들에게 셀란 섬을 선물한 게프욘은 자신의 이야기를 통해 길피 왕의 호기심을 자극한 여신이기도 하다. 《스노리 에다》가 후세에 하나의 이야기 보물로 남았다고 본다면, 게프욘 여신은 우리 인간에게 아주 소중한 선물을 준 셈이다. 땅과 이야기를 선물하였으니 말이다.

이상하게도 스노리는 한 입으로 두 말을 하는 경우가 있다. 이 이야기에서 게프욘 여신은 거인과의 사이에 황소 모습을 한 아들 넷을 두었다고 소개되어 있다. 하지만 강글레리와 현명한 세 왕의 문답에서는 그 설정이 상당히 달라진다. 이제 여신들을 소개하는 자리에서 게프욘 여신은 "결혼하지 않은 여신으로(처녀이고), 결혼하지 않고 죽은 **사람**은 모두 그녀에게 속한다"고 설명되어 있다(《스노리 에다》 제1부 35번).

길피 왕이 헛것을 보았듯 우리도 본래는 헛것인 이야기를 듣는 **사람**들이니, 옛 시인들이 이따금 앞뒤 틀린 말을 하더라도 너그럽게 참아주는 것이 좋을 것 같다. 이야기가 한 입 건너 두 입 건너 퍼져나갈 때 얼마나 틀린 소리가 많이 붙는지 겪어보지 못한 사람이 어디 있겠나?

보물이야기

앞의 이야기에서 우리는 북유럽 신들의 세계에 등장하는 여러 보물을 보았다. 그 대부분은 신들의 보물이고, 그것은 신들의 권능을 상징한다. 대부분 난쟁이 대장장이가 만든 것이다.

난쟁이들이 만든 보물 중 가장 중요한 것은 토르 신의 쇠망치 묠니르다. 이것은 천둥 번개 신 토르가 못된 거인들을 때려잡을 때 주로 쓰는 무기다. 하지만 묠니르가 천둥과 번개를 상징한다고 보아도 좋을 것이다. 이따금 무시무시하게 울리는 천둥소리를 듣고 있으면, 아닌 게 아니라 힘센 신이 거인을 쓰러뜨리고 있다는 이야기가 이해되기도 한다. 토르는 그리스 신화의 제우스 신과 비슷한 점이 있다. 하지만 제우스 신은 먼저 번개의 신이고, 토르는 천둥의 신이다. 다만 제우스 신이 토르보다 훨씬 세련된 모습이다.

오딘 신이 갖고 다니는 창 궁니르는 세계를 창조한 지배자의 권능을 나타낸다. 아주 옛날부터 수많은 맥락에서 막대기는 지휘와 지배를 상징한다. 왕의 막대기(왕홀)와 주교의 막대기(주교홀)가 대표적이고, 오케스트라를 지휘하는 지휘자도 역시 짧은 막대기를 잡으며, 군대를 지휘하는 장군도 많은 경우 짧은 막대를 손에 쥔다.

프라이의 황금 수퇘지 굴보르스테나 프라야의 목걸이 브리징가멘은 태양을 상징한다. 평화의 신인 프라이는 무기 하나 없이 탈것만 둘이다. 재미있는 것은, 신과 거인을 합친 복합적인 특성을 지닌 로키 신은 상징물이 없다는 점이다. 이 또한 불의 특성의 일부임을 앞에서 자세히 설명하였다.

장식품이나 무기 같은 구체적인 상징물을 빼면 북유럽 신화에 등장하는 나머지 보물들은 이보다는 훨씬 정신적인 것이다. 그 중 으뜸가는 보물이 지혜다. 지혜가 정보와 지식과 인식을 바탕으로 한다는 이야기는 이미 앞에서 하였다. 지혜에 버금가게 중요한 것이 바로 시인들의 꿀술이다. 곧 시문학의 재능이며 시문학 자체이다.

지혜와 시문학의 재능은 서로 연결되어 있다. 지혜가 세계에 대한 지식을 바탕으로 하기에 더욱 그렇다. 가장 중요한 이 정신적 보물들은 최고신 오딘에서 하나로 통합되어 나타난다. 오딘이 비록 전쟁의 신으로 불길한 측면을 갖지만 그러면서도 《에다》에서 거듭 찬양되는 까닭이 이로써 밝혀진다. 그가 시인들을 수호하는 신이기 때문이다.

지혜와 시문학처럼 정신적인 보물만 있는 건 아니다. 북유럽 신들의 이야기에는 바다의 소금과 땅처럼 모든 생명체에 아주 소중한 보물도 등장한다. 그것 없이 우리가 대체 어떻게 살 수 있겠는가?

신들의 보물은 대부분 상징적인 것이고, 바다의 소금과 땅 같은 모든 생명체의 보물은 대단히 보편적인 것이다. 이런 보물 말고, '보물' 하면 우리가 보통 떠올리는 황금보화도 신화에 등장한다. 바로 안드바리의 보물이다. 절대반지는 안드바리의 보물 전체를 상징하는 대표적인 보물이다. 이 보물은 난쟁이의 것이었다가, 신들의 비상금으로 차출되어 거인 흐라이트마르에게 넘어갔다가, 용의 보호를 받았다가, 영웅 지구르트의 손에 들어간다. 지구르트가 죽은 다음에도 이 보물은 종족들 사이의 전쟁과 종말의 원인이 된다.

안드바리의 보물도 대단히 상징적인 의미를 지니고 있다. 먼저 보물의 순환이 놀랍다. 난쟁이→신→거인→용→영웅→보통 인간→라인 강으로, 신화 세계 거의 전체를 이동하고 있다. 안드바리의 보물에 붙어 있는 저주도 상징적이다. "이것을 지닌 자는 누구나 제대로 이용도 못 하고 목숨을 뺏길 것이다." 여기서 목숨을 뺏긴다는 건 그야말로 몰락한다는 뜻이다.

모든 존재가 보물을 좋아하기에, 보물을 서로 차지하려고 싸우다 목숨을 잃는다. 그것을 제대로 이용하는 존재는 거의 없다. 이것이 바로 보물에 붙어 있는 보편적인 위험이며, 안드바리의 저주이다. 실제로 이것은 보물이기보다 저주에 가깝다. 바다의 소금만큼도 쓰임새가 없기 때문이다. 그러나 누가 바다의 소금을 보물이라 여기는가. 우리의 목숨에 중요한 것들은 아무 데나 있어서 거저 얻는다고 생각하여 아무도 귀하게 여기지 않는다. 실질적인 쓰임새가 없는 황금보화가 우리의 허영심을 자극한다. 우리 모두 굴바이크 여신이 퍼뜨린 질병, 곧 황금 열망에 감염되어 있기 때문이다.

북유럽 신화의 세계에서 보물은 특수한 기능을 갖는다. 신과 난쟁이와 거인과 인간의 영역을 고루 연결해주는 매개물이 바로 여러 가지 보물이다. 먼저 로키가 중개하는 보물은 신과 난쟁이를 연결해준다. 프라야 여신도 브리징가멘을 얻기 위해 난쟁이들과 돌아가면서 밤을 보내야 했다. 시인의 꿀술도 아스가르트에서 출발하여 난쟁이, 거인,

다시 오딘을 거쳐 아스가르트로 돌아온다. 여기서는 분명히 드러나지 않지만, 그런 다음 물론 인간에게로 전달된다. 안드바리의 보물은 신화 세계 전체를 순환한다. 게프욘 여신과 길피 이야기는 신과 인간의 이야기이며, 마법 맷돌 그로티도 거인과 인간을 이어주는 이야기이다.

이를 통해 우리는 북유럽 신화의 세계에서 보물이란 무엇인지를 간단히 정리해볼 수 있다. 그것은 신들의 질서에 따르는 영역들의 경계를 넘나들면서 여러 신화적 존재를 연결해주는 소중한 그 무엇이다. 각 영역의 경계를 넘어도 여전히 값진 어떤 것이다. 북유럽 신화의 세계에 등장하는 여러 존재 사이의 벽을 허물고 매개하는 것이 바로 보물이다. 바로 이를 통해 수많은 사건과 이야기가 생겨난다.

이 모든 것 중 가장 큰 보물은 바로 보물과 모험 이야기를 담고 있는 《에다》 자체이다. 곧 시인의 꿀술로 상징되는 시문학 자체이다. 이것 또한 여러 신화 공간을 거쳤다. 안드바리의 보물은 노동 없이 강제로 뺏은 보물로, 그런 탓에 저주가 붙었다. 그러나 시인의 꿀술은 전혀 다른 경로로 만들어진다.

먼저 신들의 침이 농축되어 지혜로운 크바지르가 되고, 크바지르의 피가 발효를 거쳐 꿀술이 된다. 이는 난쟁이 혼자서 만든 보물과는 다르다. 꿀술은 그 기원이 신들의 침이었거니와, 술이 익기 위해서는 기다림과 발효 과정이 필요하다. 이렇게 만들어진 꿀술을 얻기 위해 오딘은 오랫동안 고단한 머슴 노릇을 하였고—사흘 밤 동안 사랑도 하였지만—또 이를 힘들게 운반하였다. 오딘은 자기의 것을 되찾기 위해 한여름 내내 일을 하고 겨울의 초입에 열매를 거두어들였던 것이다.

이렇게 오랜 기다림과 발효 끝에 오딘이 힘들게 노동하여 겨우 되찾아온 시문학에는 그 어떤 저주도 붙어 있지 않다. 옛 북유럽에서 여름내 고단하게 일한 농부들은 긴긴 겨울 동안《에다》의 이야기들을 주고받으며 즐거워하였다. 안드바리의 보물과 달리《에다》의 이야기들은 실제로도 쓸모가 많았다. 겨울 동안 즐거운 휴식을 넉넉히 취한 사람들이 이듬해 다시 농사를 지었을 테니 말이다.

아튼날 아침 토르와 로키는 가이뢰트의 성을 향해 출발하였다. 한참을 가다보니 세상에서 가장 넓은 강이 앞에 나타났다. 강이 깊은 데 이르렀을 때 갑자기 물이 불어나기 시작하더니 순식간에 어깨까지 차올랐다. 토르가 무슨 일이 일어났나 싶어 사방을 둘러보자, 저 위쪽 좁은 게 빨리 불어난 것이다. 오줌이 폭포처럼 쏟아졌다. 토르는 강바닥에서 커다란 바위 덩이 하나를 집어들고 오줌 나오는 구멍을 겨냥해 힘껏 프는 죽지는 않았지만 힘에 밀려 그대로 옆으로 쓰러지고 말았다. 하지만 이미 불어난 물이 신들의 몸 위로 덮쳐서, 그들은 몸의 균형을

3

신들의 모험

매우 빨랐다. 토르가 허리띠를 단단히 조이고 지팡이로 강바닥을 짚으면서 앞장서고, 로키는 그의 허리춤을 붙잡고 따라갔다. 그들이 강 가운데 그얄프의 모습이 보였다. 몸집이 거대한 거인 여인 그얄프가 개울의 양편 언덕에 각기 한 발씩을 딛고 엄청난 양의 오줌을 누어서 물이 그렇게 들면 수원지를 막아야지." 뵐니르를 던지던 솜씨가 돌 던질 때도 나타나 돌은 정확하게 목표를 맞혔다. 토르가 던진 돌에 오줌 구멍을 맞은 그얄프 적대가 마가목 가지를 붙잡고서야 겨우 반대편 강둑으로 올라갈 수 있었다. 그 뒤로 마가목은 토르를 구원한 나무 라는 별명을 얻었다.

거인들과 싸우는
천둥신 토르

토르는 오딘의 아들로, 농업의 신이다. 그는 농사 및 고기잡이와 관계 깊은 날씨를 다스린다. 곧 천둥 번개와 폭풍과 비를 다스리는 신으로, 농업과 어업이 가장 중요한 삶의 바탕이던 옛날 보통 사람들의 삶에서 대단히 중요한 신이었다. 그러므로 토르 신이 한동안 오딘 신을 제치고 최고신의 자리에 있었다는 것이 전혀 이상하지 않다.

겨울이 길고 지독한 안개와 서리와 추위가 지배하고, 게다가 겨울철에 햇빛 밝은 날이 많지 않은 북유럽의 기후에서, 농사를 짓거나 고기를 잡는 일은 거의 전쟁이나 비슷했던 모양이다. 하기는 우리나라에서도 옛날에 농사짓는 일은 그리 간단하지 않았다. 여름에 비가 한꺼

천둥 번개를 다스리는 신 토르는 염소 두 마리가 끄는 마차를 타고 다닌다. 힘이 세고 거칠지만 전쟁보다 농부들을 보호하는 데 더 관심이 많은 신이다. 목판화.

번에 쏟아지면 작물이 떠내려가기 일쑤고, 가뭄이 들면 또 땅바닥이 타들어가곤 했으니 말이다.

이렇게 따지고 보면 옛날 사람들에게 농사짓기란 거의 전쟁과도 같이 여겨졌다. 그래서인지 토르 신은 툭하면 거인들과 싸우고, 거인들을 망치로 때려잡는 모습으로 등장한다. 하지만 그것이 상징하는 바는 전쟁신 오딘의 모습과는 전혀 다르다.

토르는 인간의 삶을 괴롭히는 온갖 거인에 맞서 싸운다. 토르가 맞서 싸우는 거인들은 주로 북유럽의 혹독한 자연을 상징한다. 서리거인은 사나운 추위와 겨울을, 산악거인은 거친 산악지대를, 얼음바다거인은 얼음이 둥둥 떠다니는 험한 바다를 의인화한 것이다. 토르 신은 이 거인들을 망치로 때려죽이는 일을 한다. 그러니까 토르는 거친 자연을 극복하고 사람이 살 수 있는 환경을 만들어주는 신이다.

천둥신 토르는 고대 노르웨이 사람들 사이에서 가장 인기가 좋았다. 그는 붉은 수염에 엄청나게 체격이 큰데, 그런 만큼 많이 먹고—한 번에 황소 한 마리 이상을 먹는다—많이 마시고 엄청 힘이 좋고 단순무식한 거인의 특성을 보인다. 게다가 욱하는 성질이 있어서 이따금 경솔한 판단을 내리기도 한다. 하지만 그의 분노는 늘 인간의 삶을 힘들게 하는 거인들을 향할 뿐, 사람들에게는 자신들을 보호해주는 다정하고 믿음직한 신이다.

게르만 사람들이 로마의 달력을 받아들일 때 토르의 이름을 따서 목요일에 붙였다. 영어나 도이치 말로 목요일(Thursday, Donnerstag)에는 천둥신 토르(Thor, Donar)의 이름이 들어가 있다. 토르는 그리스 신화에 나오는 번개의 신 제우스와 비슷한 측면이 있지만, 세련된 제우스에 비해 우직한 농사꾼의 모습을 지닌 신이다.

오딘 신보다 오히려 토르가 억센 힘으로 거인들에 맞서 싸우지만 그는 전쟁의 신이 아니다. 그보다는 사나운 자연의 힘에 맞서 농부들을 보호하는 신이다. 이런 사실을 기억하면 오딘 신과 토르 신의 차이를 분명하게 알 수 있다. 오딘 신은 전쟁을 관장하는 신으로, 신들의 최후를 막거나 적어도 늦추기 위해 끊임없이 전쟁 준비를 하는 데 비해, 토르 신은 그런 일에는 별 관심도 재주도 없다. 거인이 나타나면 그냥 본능적으로 망치를 움켜쥐고 싸울 준비를 한다. 이는 날씨가 사나워지거나, 농사를 망칠 만한 사정이 생기면 농작물을 보호하기 위해 달려나가는 농부들과 비슷하다.

전쟁신 오딘은 토르처럼 기운 좋게 거인들을 망치로 때려잡는 일을 하지 않는다. 오딘은 지혜의 신으로 세상의 온갖 정보를 모아 전체적인 상황을 판단하고 전략적인 사고를 한다. 그는 정보를 얻기 위해, 특히 미래에 일어날 일을 알아내기 위해 온갖 수단을 동원한다. 거인에 맞서서도 계략을 사용할망정 힘으로 싸우지는 않는다. 토르처럼 힘이 좋은 전사도 전쟁에 필요하지만, 실제로 사령관이나 높은 지휘관들은 오딘과 비슷한 유형이라는 사실은 새삼 말할 필요도 없다. 이렇게 토르는 순박한 농부 같다.

거인들과 싸우는 토르 신은 세 가지 보물을 갖고 있다. 쇠망치 묠니르와 힘의 허리띠와 쇠장갑이 그것이다. 쇠망치 묠니르에 대해서는 앞에서 이미 설명하였다. 이 쇠망치는 온갖 거인 사이에서 아주 유명했다. 그가 이 망치를 휘두를 때면 두려움을 느끼지 않는 거인이 없었다. 수많은 거인이 아버지나 친구를 이 쇠망치에 잃었기 때문이다.

토르 신은 싸움에 나설 때 힘의 허리띠를 꼭 졸라매곤 하였다. 그러면 힘이 전보다 두 배나 강해졌다. 또 손에는 쇠장갑을 끼고, 그 손으로 손잡이가 짧은 쇠망치 묠니르를 단단히 붙잡는다. 이렇게 무장한 토르 신 앞에서 어떤 거인도 맥을 추지 못했다.

토르는 사나운 숫염소 두 마리가 갈팡질팡 뛰면서 이끄는 마차를 타

토르의 쇠망치 묠니르. 스칸디나비아 사람들 사이에서 행운과 보호를 상징하는 장신구로 널리 쓰였다. 은제 장식, 10세기.

고 다닌다. 그들은 '이빨 가는 염소'와 '이빨 부딪치는 염소'이다. 토르 신은 이렇게 사납게 날뛰는 염소 마차를 타고 붉은 수염을 휘날리며 쇠망치 묠니르를 휘두르면서 번개와 천둥을 몰고 폭풍우가 몰아치는 것처럼 나타난다.

천둥 번개의 신이 앞으로 마구 밀고 나갈 때면, 이따금 그의 길동무로 따라나선 로키는 토르의 허리띠를 꼭 붙잡고 거의 그에게 매달리다시피 따라간다.

토르의 상징물인 쇠망치는 스칸디나비아 사람들 사이에서 행운과 보호를 상징하는 장신구로 널리 쓰였다. 또한 결혼식의 축복을 위해서도 쓰였다. 원래도 십자 모양이던 토르의 쇠망치는 북유럽 사람들이

기독교로 개종하면서 나중에 기독교의 십자가와 뒤섞였다. 둘 다 죽음과 축복을 동시에 의미한다. 뒷날 히틀러의 나치당을 상징하는 갈고리 십자가(Hakenkreuz)는 바로 토르의 망치에서 나왔다고 여겨진다.* 이제 토르 신의 모험 이야기를 들어보자.

---

* Richard Cavendish(ed.), *Mythology*, pp.188. 갈고리 십자가는 귀도 폰 리스트(Guido von List, 1848-1919)가 고안한 것이라고 하는데, 그 이전부터 이미 여러 차례 등장한 적이 있다. 우리에게는 불교의 만(卍) 자와 비슷해서 관심을 끄는 상징이기도 하다.

오딘과 토르의 말싸움

《옛 에다》의 7번 〈하르바르트(Harbard, 잿빛수염)의 노래〉를 쓴 시인은 다음과 같은 유쾌한 이야기를 전해준다. 이것은 《옛 에다》의 시편들 중 아주 대담하고 깊은 의미를 담은 노래이다. 게다가 《에다》 문학 특유의 해학과 아이러니로 가득 차 있다. 이 노래를 통해 우리는 전쟁 신 오딘과 농사꾼 신 토르의 차이점을 분명히 알 수 있다.

오딘은 여기서 뱃사공으로 변장하고 나와 자기 이름이 '잿빛수염(하르바르트)'이라고 말한다. 토르는 오랫동안 먼 동쪽 나라에서 거인들과 싸우고 돌아오는 길이라, 너덜너덜해진 누더기를 걸치고 잔뜩 지친 모습으로 이 심술궂은 잿빛수염 뱃사공과 말싸움을 벌인다. 들어보라.

토르는 동쪽 나라에서 아스가르트로 돌아가는 중이었다. 평소와 달리 그는 두 마리 염소가 끄는 마차를 타지 않고 터덜터덜 걸어서 갔다. 그러다가 스웨덴과 덴마크를 가르는 해협에 이르렀다. 토르는 해협 저편에 뱃사공이 있는 것을 보고 큰 소리로 외쳐 불렀다.

"나를 그쪽으로 건네주게나. 그러면 등에 진 바구니에서 맛있는 음식을 꺼내주겠네. 귀리죽과 청어가 들어 있다네."

잿빛수염이 대답하였다.

"이 농투성이야, 네 아침밥을 자랑할 건 없다. 그렇게 큰소리칠 이유가 없지, 그 사이 네 어미가 죽었을지도 모르는데."

"그 말이 사실이라면 거참 슬픈 소식인 걸." 토르가 말했다.

"어쨌든 넌 큰 농장을 세 개쯤 가진 부자 농부처럼 보이지는 않는 걸. 그렇게 맨발에 거지 같은 누더기를 걸치고 있는 걸 보니 분명 떠돌이일 게야."

토르는 이렇게 노골적으로 비웃는 말을 못 들은 척하고, 얌전한 말투로 사공에게 자기를 건너편에 데려다 달라고 부탁하였다. 그러자 뱃사공이 대답하였다.

"이 배 주인이 누군지나 아니? 힐돌프(Hildolf, 싸움늑대)다. 주인이 도둑과 강도는 건네주지 말라고 명령했다. 해협을 건너고 싶다면 이름이나 밝혀보아라."

토르는 상대방의 기를 누를 속셈으로 큰 소리로 말했다.

"나는 오딘의 아들이다. 신들 중 가장 힘이 센 존재로 내가 바로 토르다. 네 이름은 무엇이냐?"

"나는 잿빛수염(하르바르트)이다. 흐룽니르가 죽은 뒤로 나보다 더

센 놈은 못 보았을 거다."

이렇게 둘이 제각기 자신을 소개하고 나서 본격적인 말싸움이 이어졌다. 그들은 자신이 그동안 행한 온갖 일을 늘어놓아 상대의 기를 죽이려 하였다. 토르가 말했다.

"그래 내가 흐룽니르를 죽였다. 그동안 대체 너는 무슨 일을 했단 말이냐?"

잿빛수염이 말했다.

"나뭇잎이 무성한 풍요로운 섬에서 전쟁이 일어나, 오 년 동안이나 어떤 왕을 도왔다. 그리고 기회를 보아 왕의 딸을 꾀어 즐겼지. 이것이 네가 한 일만 못하단 말이냐?"

"나는 그 사이 동쪽 나라로 가서 그곳 투르 거인족 여인들을 때려죽였다. 안 그랬다간 거인들의 수가 너무 불어날 테니까."

"나는 왕들을 싸움 붙이고 그들이 다시는 화해하지 못하게 만들었다. 그런데 토르가 두려움에 질려 스크리미르(Skrymir)의 장갑 속에 숨었다고 하던데?"

맞는 말이어서 토르는 할 말이 없었다. 토르가 한번은 우트가르트를 찾아가는 도중에, 큰 집인 줄 알고 안으로 들어가 잠을 잤는데 알고 보니 거인 스크리미르의 장갑이었다. 그래도 토르는 기죽지 않고 말했다.

"나는 동쪽으로 가서 그곳에 사는 거인들과 맞섰다. 놈들이 커다란 돌덩이들을 던졌지만 내가 끄떡도 하지 않아 놈들이 먼저 평화를 맺자고 애걸하였다."

그러자 잿빛수염은 토르의 말을 흉내내면서도 자기가 정반대로 행동한 것을 자랑하였다.

지식과 지혜의 신 오딘이 북유럽 신화의 최고신이라는 사실에서 우리는 북유럽 사람들이 육체적인 힘보다 지식과 지혜를 더 높이 여겼음을 짐작할 수 있다. R. 포겔베르크의 조각, 대리석, 1890년경.

"나도 동쪽으로 가서 그곳에 사는 눈처럼 하얀 아가씨와 즐겼다. 내가 그 금발 아가씨를 기쁘게 해주었고, 내 재담이 아가씨 마음에 들었다."

"나도 여자들쯤은 다룰 수 있어. 다만 베르제르커 아낙네들은 워낙 사나워, 그년들이 쇠지레로 내 배를 뒤집고 트얄피(Thjalfi)를 쫓아냈다. 그러니 계집이라기보다 암늑대 같은 년들이지. 그래서 하는 수 없이 폭풍우를 일으켜 그년들의 쇠를 녹슬게 만든 거다."

잿빛수염은 화해의 뜻으로 토르에게 반지를 선물하겠다며 두 손을 모아 반지 모양을 해보였다. 토르는 몹시 화가 났지만 마법을 터득하지 못했고 변신도 할 줄 몰랐기에 어쩔 도리가 없었다. 그는 다시 소리를 낮추어 몇 번이나 달래고 어르는 말을 계속하였다. 그래도 잿빛수염이 조롱의 말을 계속하자 토르는 화가 머리끝까지 올랐다.

"넌 참 말을 잘한다만 내가 이 물만 건너는 날이면 그 말 잘하는 혓바닥이 네게 화를 불러올 거다. 내가 망치로 두들겨 패면 늑대보다 더 크게 울부짖을 거면서."

"지프(토르의 아내)가 어떤 놈과 정분났다지, 아마. 그놈이 네 마누라와 함께 있을 때 그놈을 그렇게 두들겨 패는 쪽이 더 쓸모 있을 거다."

예전에 토르가 집을 비웠을 때 로키가 지프 여신의 머리카락을 잘라간 일을 넌지시 빗댄 욕이었다. 상대방의 이런 악담에도 불구하고 토르는 제발 배를 이쪽에 갖다 대고 자기를 저편으로 데려가 달라고 청하였다. 하지만 잿빛수염 하르바르트는 토르를 태워줄 생각은 않고, 멀리 돌아서 가는 뭍길을 가르쳐주고는 사라져버렸다.

토르는 머리보다는 주로 몸으로 싸운다. 그래서 나쁜 거인들을 만나면 여자 거인들까지도 그대로 때려죽이는 일밖에 한 것이 없다. 토르는 망치를 휘두르는 일밖에 할 줄 모르고, 그가 거인들과 싸우러 돌아다닐 때 제 아내가 로키와 바람을 피우는 바람에 오쟁이 진 남편이 되고 말았다. 그에 비해 오딘은 세상에 대한 광범위한 지식과 지혜를 얻기 위해 늘 노력하였다. 그래서 세상일에 대해 아는 것이 많고, 또 머리를 써서 적들이 자기들끼리 싸우게 한다. 여자를 만나면 대개는 사랑으로 홀려서 원하는 것을 얻었다.

토르는 잿빛수염과의 말싸움 도중에, 자기처럼 강력한 신을 예사로이 비웃는 뱃사공이 오딘임을 짐작하였다. 그래서 상대의 온갖 모욕적인 발언에도 계속해서 제발 이 해협 좀 건너게 해달라고 애걸한 것이다. 이 노래에서 토르는 자신이 오딘 신보다 지혜와 지식과 말솜씨가 부족하다는 사실을 인정한 셈이다.

이 노래는 가장 강력한 아제 신인 오딘과 토르의 차이를 잘 보여준다. 토르가 육체의 힘을 자랑한다면 오딘은 지식과 지혜를 자랑으로 삼는다. 육체적으로 막강한 토르가 아니라 애꾸눈 오딘이 최고신이라는 사실에서 우리는 게르만 세계가 아주 일찍부터 지식과 지혜와 정보를 육체적인 힘보다 더 높이 여겼음을 짐작할 수 있다.

전쟁의 신인 오딘은 뒷날 바이킹족의 숭배를 받았다. 바이킹 전사들은 육체의 힘을 나타내는 토르의 요소보다 두뇌와 정보를 더욱 중히 여기는 오딘의 요소를 중시하였음을 느낄 수 있다. 다시 말해, 전투에서 용감하게 싸우는 전사보다 전투 전체를 지휘하는 지휘자를 더욱 높이 보았던 것이다.

하지만 오딘과 토르의 이런 차이는 둘이 하는 일 자체가 다른 데서 온 것이었다. 앞서 지적했듯이 오딘은 전쟁의 승패와 용사들의 생사를 가르는 전쟁의 신이요, 토르는 사나운 자연과 싸우면서 농업과 어업을 보호하는 신이었다.

오딘과 토르의 특성을 잘 생각해보면 불의 신인 로키가 이들과 자주 동행하는 까닭을 이해할 수 있다. 오딘은 전쟁의 신이고, 전쟁에서는 자주 불의 요소들이 등장한다. 결정적인 파괴의 순간에 불이 등장하지 않는 경우는 없다. 오늘날의 화기를 동원한 전쟁은 말할 것도 없지만, 옛날에도 성을 공략하거나 들판에서 싸울 때 불화살 등 수많은 불의 공격이 나타났다. 로키가 오딘의 동반자가 되는 까닭이다.

로키와 토르가 친구인 것도 토르의 특성과 어느 정도 관련이 있다. 그는 천둥과 번개의 신이자, 폭풍을 몰아치는 신이다. 번개는 곧 불이다. 토르가 쇠망치를 던져 거대한 산악거인을 후려쳤다고 생각해보라. 순간적으로 불이 번쩍할 것이다. 그러므로 토르에게도 불의 요소가 붙어다닌다. 그리고 토르는 '트얄피'라는 불의 신을 종자로 데리고 다닌다.

체면 구겨진 토르의 사연

이것은 《스노리 에다》의 제1부 〈길피 왕이 헛것을 보다〉에 나오는 이야기다. 토르는 거인을 때려잡는 신이다. 거인들 중 토르 신을 당할 자가 아무도 없었다. 그런 토르가 한번은 요툰하임의 중심지인 우트가르트를 찾아간 적이 있었다. 이상하게도 그곳은 신들의 세계를 거울에 비춘 세상과 같았다. 그 이야기를 들어보기로 하자.

✤ 염소 뒷다리로 얻은 종자 트얄피

한번은 토르 신이 로키와 함께 길을 나섰다. 토르 신은 염소 두 마리가 끄는 마차를 타고 동쪽 멀리 거인들이 사는 곳, 요툰하임으로 방향을 잡았다. 가다가 날이 저물자 그들은 어느 농가에서 하룻밤을 묵게 되었다.

토르가 저녁식사를 장만하였다. 토르는 자신의 마차를 모는 염소 두 마리를 붙잡아 죽여서 가죽을 벗기고는 고기를 솥에 넣고 요리하였다. 그런 다음 농부의 가족도 식사에 초대하였다. 농부에게는 트얄피(Thjalfi)라는 아들과 뢰스크바(Röskwa)라는 딸이 있었다. 아이들까지 한데 어울려 모두가 함께 저녁을 먹었다.

식사를 하기 전에 토르는 염소 가죽을 난롯가에 잘 펼쳐놓고 말리면서, 고기는 먹되 뼈는 절대로 부러뜨리지 말고 원래 상태로 보존했다가 이 가죽에 던지라고 말했다. 그렇게 단단히 일렀건만 농부의 아들 트얄피와 딸 뢰스크바는 신의 말을 흘려들었다. 트얄피는 넓적다리 뼈에 붙은 살을 먹고 칼로 뼈를 갈라 그 골수까지 먹었다.

다음날 아침 토르는 동트기 전에 일어나 옷을 입었다. 그는 전날 밤 잡아먹은 염소 가죽 위에 서서 망치 묠니르를 손에 잡고 휘둘렀다. 가죽 위에는 살을 발라먹고 남은 뼈들이 놓여 있었다. 그러자 염소의 뼈들이 제자리를 잡고 가죽이 그 위로 덮이더니 염소들이 다시 살아났다. 염소 두 마리가 각기 네 발로 섰다. 다만 한 마리가 뒷다리 하나를 절었다.

토르는 화가 나 얼굴이 새빨개지고, 쇠망치를 하도 꽉 쥐어 손이 하얗게 변했다. 농부 가족 중 누군가가 자신의 명령을 어긴 것이다. 농부와 그의 가족은 용서를 청하였다. 토르는 농부 가족이 두려움에 벌벌 떠는 것을 보고 겨우 노여움을 누그러뜨렸다. 농부는 두 아이 트얄피와 뢰스크바를 토르에게 내주었다. 이후로 두 아이는 토르의 종이 되어 어디든 그를 따라다녔다.*

붉은 머리와 수염을 흩날리며 염소 마차를 타고 천둥 번개를 몰고 나타나는 토르.

✢ 거인 스크리미르

 토르 신은 염소 마차를 농가에 그대로 남겨두고 걸어서 거인의 고향인 요툰하임을 향하여 길을 떠났다. 로키 신과 트얄피와 뢰스크바도 함께 따라나섰다. 트얄피가 토르 신의 배낭을 메고 갔다. 그들은 바닷가를 따라 한참 나아가다가 바다를 건넜다. 계속해서 동쪽으로 걸어가자 거대한 숲이 나왔다. 그들은 숲속으로 들어가고 나서도 계속 걸었다. 마침내 저녁이 되어 사방이 어두워졌다. 종일 걷고 배를 타고 또 걸으며 정말 긴 하루를 보냈다. 모두들 몹시 고단하였다. 이제 하룻밤 쉴 곳을 찾아보았지만 쉬어갈 곳이 마땅치 않았다. 밤이 이슥해서야 그들은 숲속에서 커다란 집을 한 채 발견하였다. 한쪽 끝에 있는 입구로 들어가서 묵을 곳을 찾아보았다. 안은 아주 널찍하였다. 그들은 한 곳에 자리를 잡고 모두들 잠이 들었다.

 그런데 한밤중에 갑자기 지진이 일어나 바닥과 건물 전체가 흔들렸다. 토르 신이 먼저 깨어나서 길동무들을 깨워 일으킨 다음 다른 장소를 찾아보았다. 오른쪽으로 자그마한 옆방이 하나 더 있는 것을 보고 그리로 들어갔다. 토르가 문간에 자리 잡고 나머지 일행은 더 안쪽으로 들어갔다. 그들은 두려움에 떨었고 토르는 망치 자루를 꼭 잡고 방어 태세를 갖추었다. 그러자 어디선가 그르렁거리고 푸푸거리는 소리가 들렸다.

＊《옛 에다》의 8번 〈히미르의 노래〉에 보면, 토르의 염소 한 마리가 다리를 절게 된 것은 로키 때문이다. 로키가 약은 수를 써 그렇게 만들었고, 그 대가로 자식 둘을 토르에게 내주었다고 되어 있다. 그들의 이름은 나오지 않는다.
트얄피는 원래 고틀란드 섬에서 빛과 불을 가져다준 신으로 섬김을 받았다. 그러다가 토르의 염소 다리뼈를 발라먹은 죄로 평생 그의 뒤를 따라다니는 시종이 되었다. 토르가 천둥 번개의 신이라면, 빛과 불을 가져다준 트얄피는 토르의 뒤를 따라다니는 일종의 꼬마 신이라는 것을 알 수 있다. 번개가 칠 때 불이 번쩍이지 않던가? 트얄피는 이따금 토르의 모험에 등장하기도 한다.

미국 유타 주의 브라이스 캐니언 국립공원에는 '토르의 망치'라는 바위기둥이 있다. 당장이라도 토르가 망치를 찾아 나타날 것 같다.

새벽이 되었을 때 토르가 일어나 건물 밖으로 나갔다. 조금 떨어진 숲에서 누군가 잠을 자고 있었다. 그는 깊은 잠에 빠졌는지 엄청나게 코를 골아댔다. 그제야 토르는 지난밤의 요란한 소리가 무엇이었는지 알아챘다. 토르가 재빨리 망치로 상대방을 후려치려고 힘을 모으는 순간 잠을 자던 상대가 벌떡 일어났다. 그는 토르만큼이나 큰 거인이었다. 토르는 감히 망치를 휘두르지 못하고 대신 상대의 이름을 물었다. 그러자 상대가 대답하였다.

"내 이름은 스크리미르다. 하지만 나는 네 이름을 이미 알고 있으니 새삼 묻지는 않겠다. 너는 이제 신 토르니 말이다. 그런데 내 장갑을 대체 어디로 끌고 가려는 거냐?"

181

이렇게 말하며 스크리미르가 자신의 장갑을 집어들었다. 지난밤 토르 일행이 큰 건물이라 여기고 밤을 보낸 장소는 다름 아닌 그의 벙어리장갑 속이었다. 한밤중에 옮긴 옆방은 장갑의 엄지손가락 부분이었던 것이다.

스크리미르가 토르에게 함께 길을 가자고 제안하여, 그들은 그렇게 하기로 했다. 스크리미르는 자기 배낭을 풀어 아침을 먹었고, 토르 일행도 트얄피가 짊어지고 온 배낭을 풀어 아침을 먹었다. 스크리미르가 음식을 합치자고 제안하고 토르가 동의해 이제 스크리미르가 토르 일행의 짐까지 한데 묶어서 짊어졌다. 하루 종일 먼 길을 걷고 저녁이 되었다. 스크리미르는 커다란 떡갈나무 아래 자리를 잡고 잠잘 준비를 하였다. 그는 자기 음식을 꺼낸 다음 배낭을 이쪽으로 던졌다.

"배낭이 여기 있으니 너희도 저녁을 먹어라."

저녁을 먹고 스크리미르는 이내 잠이 들어 코를 골았다.

토르가 배낭을 열려고 하였지만 스크리미르가 배낭의 매듭을 어찌나 꼭 묶었던지 아무리 힘을 주어도 열 수가 없었다. 토르는 화가 잔뜩 나 망치를 두 손으로 꼭 움켜쥐고 스크리미르가 잠든 곳으로 한걸음에 다가가 망치로 그의 머리를 힘껏 후려쳤다. 스크리미르가 잠에서 깨어나더니 이마를 쓰다듬으며 옆에 서 있는 토르를 보고 말했다.

"나뭇잎이 이마에 떨어졌나? 근질거리게. 그런데 참, 너희들 저녁은 먹었나? 이제 자려는 참인가?"

"그래. 막 자려는 참이다."

토르가 머쓱해서 대답하였다. 토르 일행은 다른 떡갈나무 아래에 자리를 잡았지만 이상한 거인이 두려워 쉽게 잠을 이룰 수가 없었다. 저 스크리미르란 거인이 워낙 힘이 장사라, 그의 매듭을 토르가 풀지 못했고, 망치 묠니르로도 그의 머리를 부수지 못했기 때문이다.

한밤중에 스크리미르가 깊이 잠들어 코를 드르렁거리는 소리가 들렸다. 잠들지 못한 채 기다리고 있던 토르가 얼른 자리에서 일어나, 다시 거인에게 다가가 망치를 높이 쳐들고 정수리 한가운데를 힘껏 내리쳤다. 망치가 거인의 머릿속으로 푹 들어가는 게 느껴졌다. 그러자 스크리미르가 다시 깨어나서는 이렇게 말했다.

"이번엔 뭐지? 도토리가 떨어졌나? 그런데 토르, 자넨 무얼 하고 있는 건가?"

토르는 재빨리 물러나면서 대꾸하였다.

"어, 나도 방금 깼어. 한데 아직 한밤중이니 더 자야겠네."

하지만 속으로는 한 방 더 갈길 기회만 온다면 놈이 다시는 깨어나지 못하게 만드리라 생각하였다. 동트기 직전에 스크리미르가 다시 깊은 잠에 빠져들었다. 토르는 다시 일어나 그에게로 달려가서 이번에는 관자놀이를 겨냥하고 있는 힘껏 내리쳤다. 망치는 손잡이 부분까지 깊이 들어갔다. 그런데도 스크리미르는 빰을 쓰다듬으며 이렇게 말하였다.

"새들이 나무에 앉아 있나? 나뭇가지에서 똥이 머리로 떨어지는 바람에 잠을 깼네. 어쨌든 일어날 시간이네. 토르, 자넨 벌써 일어났나? 하긴 이제 갈 길이 멀지 않네. 곧 우트가르트 성에 닿을 거야."

거인은 얼른 배낭을 집어 등에 짊어지고 성큼성큼 걸어서 숲속으로 들어가 버렸다. 토르는 정말로 체면이 말이 아니었다. 거인의 장갑이 큰 건물인 줄 알고 엄지손가락 부분에서 잠을 자고, 거인이 묶은 매듭을 풀지도 못하고, 게다가 잠든 거인의 머리를 그 유명한 묠니르로 세 번이나 후려쳤건만 거인은 아무렇지도 않았으니 말이다. 토르의 체면을 이렇게 엉망으로 구겨놓고도 스크리미르는 모르는 척 앞장서서 뚜벅뚜벅 숲속으로 걸어가 버렸다.

✛ 신들의 힘겨루기

스크리미르의 흔적은 간곳도 없고, 점심 무렵에야 토르 일행은 널찍한 평지에 거대한 성 하나가 서 있는 것을 보았다. 성채가 얼마나 높았던지 머리를 완전히 뒤로 젖혀서 머리가 등뼈에 닿을 지경이 되어서야 성의 꼭대기가 보일락 말락 했다. 성문으로 다가갔지만 문은 잠겨 있었다. 토르가 아무리 힘을 써도 문을 열 수 없었다. 겨우 틈을 조금 벌려 그 사이로 간신히 비집고 들어갔다. 성 안에는 커다란 홀이 있었고, 홀의 문은 열려 있었다. 그들은 안으로 들어갔다. 옥좌에는 왕이 앉아 있고, 그 왕을 중심으로 양편에 길게 놓인 벤치에 거인들이 앉아 있었다. 왕의 이름은 '우트가르트-로키(Utgard-Loki)'라고 했다. 왕이 말했다.

"흠, 이 작은 친구가 토르란 말이지? 난 또 이보단 더 클 거라 생각했지. 어쨌든 자네 일행은 어떤 특기를 갖고 있나? 이 성에선 무엇이든 특기가 없으면 머물 수 없으니 말이지."

그러자 뒤에 서 있던 로키가 앞으로 나섰다.

"이 중에 나보다 빨리 음식을 먹을 수 있는 사람은 없을 거요."

우트가르트-로키는 로키의 이 도전을 받아들였다. 그는 부하 중 로기(Logi)라는 거인을 불러내 로키와 빨리 먹기 시합을 하도록 하였다. 홀 한쪽에 커다란 나무 접시 두 개가 놓이고 그 위에 고기를 수북이 쌓아올렸다. 로키는 고기는 물론 뼈까지 모조리 먹어치웠다. 하지만 로기는 고기와 뼈와 함께 나무 접시까지 먹어치웠다. 누가 보아도 로키 신의 패배가 분명하였다.

우트가르트-로키는 이번에는 트얄피를 가리키면서 무엇을 잘할 수 있는지 물었다. 트얄피는 달음박질을 잘할 수 있다고 대답하였다. 그러자 우트가르트-로키는 후기(Hugi, 생각)라는 꼬마를 데려오게 해 트얄피와 경주를 하도록 하였다. 경주가 시작되자 후기가 어찌나 앞서 나갔던지 반환점을 돌아 달려와서는 아직도 출발점 근처에 있는 트얄피를 스쳐 지나갔다. 두 번 더 시합을 했지만 결과는 비슷하였다. 트얄피가 반환점에도 미치지 못하였는데 후기는 벌써 경주를 끝내곤 하였다. 트얄피는 후기를 이기지 못했다.

우트가르트-로키가 이번에는 토르에게 물었다.

"그대는 무엇을 잘할 수 있나?"

"나는 술 마시기가 장기다."

토르가 대답했다. 그러자 우트가르트-로키는 매우 흔쾌한 태도로 하인을 불러 뿔로 만든 술잔과 술을 가져오게 하였다. 그러고는 이렇게 말했다.

"이 뿔잔에 든 술을 단번에 비우면 대단한 술꾼이라 할 수 있다. 그러나 세 번에도 다 비우지 못하면 보잘것없는 술꾼이다."

토르가 뿔잔을 바라보니 크지는 않은데 길이가 아주 길었다. 어쨌든 목도 말랐던 참이라 그는 벌컥벌컥 술을 들이켰다. 한참을 들이켜고 나자 숨이 차올라 더 이상 마실 수가 없었다. 그가 술잔을 입에서 떼고 얼마나 마셨나 살펴보았는데 놀랍게도 술이 전보다 별로 줄어든 것 같지 않았다. 두 번을 더 들이켰지만 토르는 술잔을 완전히 비우지 못했다. 그러자 우트가르트-로키가 말했다.

"토르는 우리 생각만큼 대단한 술꾼이 아니구만. 그렇다면 다음 시합은 어떤가? 여기 있는 젊은 거인들은 누구나 할 수 있는 것인데, 내 고양이를 바닥에서 완전히 들어올리는 일은 어때?"

홀에는 커다란 고양이가 한 마리 있었다. 토르는 고양이에게로 다가가 손으로 고양이 허리를 잡아 번쩍 들어올렸다. 하지만 토르가 고양이의 허리를 아무리 높이 들어올려도 고양이의 네 발은 여전히 바닥에 붙어 있었다. 토르가 고양이를 아주 힘껏 들어올리자 네 발 중 한 발만 겨우 바닥에서 떨어졌다. 토르는 그 이상은 할 수 없었다.

그러자 우트가르트-로키가 말했다.

"아무래도 고양이가 너무 크고 토르는 너무 작은걸."

토르가 대답했다.

"내가 아무리 작다 해도 어쨌든 너희 중 한 놈과 싸움을 해보겠다."

"우리 중에 네가 상대할 사람은 없을 것 같은데. 내가 늙은 유모 엘리(Elli)를 부를 테니 유모와 싸워보게나. 어쨌든 자네 못지않은 장사들을 쓰러뜨린 사람이니 말이지."

늙은 할멈이 홀 안으로 들어왔다. 먼저 토르가 있는 힘을 다하여 할멈을 쓰러뜨리려고 해보았다. 하지만 토르가 힘을 줄수록 할멈은 더욱 꿋꿋이 버텼다. 그런 다음 할멈이 토르를 밀치자 그는 한참을 버티다가 마침내 균형을 잃고 한쪽 무릎을 꿇고 말았다.

토르 신은 거인들의 성 우트가르트에서 세 번이나 도전하였지만 모두 실패하였다. 뿔잔 비우기, 고양이 들어올리기, 늙은 유모 쓰러뜨리기 등에서 모두 실패한 것이다. 힘으로는 당할 자가 없다는 토르 신으로서는 민망하기 짝이 없는 노릇이었다.

✦ 여행의 마지막

이미 밤이 깊었다. 우트가르트-로키는 토르 일행에게 편안한 잠자리를 마련해주었다. 이튿날 날이 밝자 거인 왕은 성대한 아침상을 차려 손님들을 잘 대접하였다. 그러고는 고향으로 돌아가려는 토르 일행을 따라 성 밖까지 나와서 배웅을 해주었다. 그들이 헤어지려는 찰나에 우트가르트-로키가 그동안 일어난 일의 진상을 설명하기 시작하였다. 그는 다음과 같이 말했다.

"이젠 진실을 밝혀도 되겠네. 우리가 이미 성 밖으로 나왔으니 말이지. 토르, 당신은 정말 두려운 존재야. 먼저 자네들이 숲에서 만난 거인 스크리미르는 내가 변장한 모습이었어. 그리고 숲에서 있었던 일은 모두 내가 속임수를 쓴 것이야.

먼저 우리의 식량 보따리는 내가 쇠끈으로 묶었는데, 자넨 그 실마리를 찾지 못해 풀지 못한 것이지. 그리고 자네가 망치로 나를 세 번 내리쳤을 때 첫 번째 한 방만으로도 아마 난 죽었을 거야. 하지만 자네가 내리친 건 내가 아니었네. 우리 궁전 근처에 있는, 윗면이 평평한 산을 자네도 보았겠지. 그곳에 네모 골짜기 셋이 파였는데 그게 바로 자네의 망치 자국들일세. 내가 이 산을 재빨리 자네 망치 아래로 옮겨 놓곤 했거든. 자넨 눈치를 못 챘지만 말이야.

다음으로는 자네들과 내 부하들 사이에 벌어진 시합 이야기를 해주지. 로키와 빨리 먹기 시합을 한 로기는 실은 불이었어. 그러니 고기와 뼈와 나무 접시까지 재빨리 집어삼킬 수 있었지. 다음 트얄피와 달리기 시합을 한 후기는 내 생각이었어. 아무리 트얄피가 빨라도 내 생각보다 더 빠를 순 없지 않겠나.

그리고 자네 차례가 되었지. 먼저 자네가 뿔잔으로 술을 마셨는데, 뿔잔의 다른 쪽 끝은 바다 속으로 연결되어 있었네. 자넨 바닷물을 마신 거지. 자네가 얼마나 마셔댔던지 바닷물이 낮아졌네. 지금은 썰물이라는 이름으로 불리지. 그리고 자네가 맞붙어 싸운 노파 엘리는 세월이야. 세월이 쓰러뜨리지 못한 장사가 세상에 없건만, 자네는 겨우 한쪽 무릎만 꿇었으니 정말 놀라운 일이지. 마지막으로 자네가 들어올린 고양이는 실은 미트가르트 뱀이었네. 중간계를 한 바퀴 감싸고 있는 미트가르트 뱀의 다리 하나를 들어올렸으니 놀라운 일 아닌가.

자네의 그 놀라운 힘을 다 겪어보았으니 나는 자네가 다시는 우리를 찾아오지 않기를 바라네. 자네가 다시 온다 해도 비슷한 방법으로 방어할 테지만. 자넨 나를 완전히 이기지는 못해."

토르는 이런 말을 듣다가 속은 것이 화가 나 망치를 움켜쥐고 우트가르트-로키를 향해 힘차게 휘둘렀다. 하지만 상대방은 간곳없이 사라져 버렸다. 토르는 거인의 성을 부수려고 돌아보았지만 그곳에는 넓고 아름다운 초원이 펼쳐져 있을 뿐 어디에도 성 같은 것은 없었다. 토르는 하는 수 없이 자기 일행과 함께 집으로 돌아오는 수밖에 없었다. 그러면서 미트가르트 뱀을 한번 만나보리라 생각하였다. 뒷날 그 기회가 찾아온다.

토르 신이 거인들의 성채 우트가르트를 찾아간 이 이야기는 토르의 명백한 패배를 통하여 오히려 그의 무시무시한 힘을 더욱 잘 보여준

우트가르트에서 토르가 들어올리려던 고양이는 어마어마한 바다 괴물 미트가르트 뱀이었다. 토르는 훗날 히미르와 물고기를 잡으러 갔다가 미르가르트 뱀을 다시 만난다. 《스노리 에다》의 삽화, 1760년.

다. 거인들이 토르 신과 맞대결해 이길 수는 없으나, 대신 그들은 여러 가지 마법이나 간교한 꾀를 가지고 있음을 알 수 있다. 토르가 거인 잡는 신이지만, 거인들도 그렇게 호락호락하지만은 않다.

그 밖에 몇 가지 재미있는 말장난이 나타나 있다. 불의 신 로키(Loki)는 불의 거인 로기(Logi)와 맞붙어 빨리 먹기 시합을 했다가 지고 만다. 하지만 이것은 거의 같은 낱말의 반복에 해당한다. 로키 자신이 불이기 때문이다. 그리고 이 이야기를 통해서 게르만 사람들은 무엇이든 재빨리 집어삼키는 것을 불의 특성 중 하나로 생각하였음을 알 수 있다.

빛의 신이었던 트얄피는 매우 잽싼 소년이지만 그래도 생각(후기)보다 더 빨리 달릴 수는 없다. 이것도 음미해볼 만한 말이다. 트얄피는 아마 빛의 속도로 움직이겠지만, 빛이 아무리 빨리 달려도 생각이 더 빠르다는 말이니까. 생각 속에서 우리는 순식간에 달나라나 우주의 끝에도 도달할 수 있고, 때로는 추상적인 세계로도 가볼 수 있다.

또 토르 신이 아무리 힘이 장사라도 세월을 쓰러뜨릴 수는 없다. 토르가 바닷물을 들이켜는 바람에 썰물이 생겨났다는 이야기도 재미있다.

토르 자신이 천둥신으로서 자연의 힘을 나타내지만, 자연법칙 앞에서는 신들도 어찌할 수 없다는 게르만 사람들의 생각이 여기 배어 있다. 신들이 거인들의 세계로 들어갔지만, 결국은 만만치 않은 거인의 속임수와, 게다가 신이라 해도 어떻게 해볼 수 없는 강한 자연의 힘을 완전히 이기지는 못한다. 토르가 우트가르트-로키와 대결한 이 이야기에서 신과 거인이 태초에 생겨날 때부터 대등한 사촌 관계였다는 사실을 한번 더 확인할 수 있다.

하지만 이것은 전체적으로 토르와 로키가 헛것을 본 이야기다. 인간인 길피 왕이 아제 신들에게 속아 헛것을 보았듯이, 여기서 신들은 거인들에게 속아 헛것을 보았다. 여기 그려진 우트가르트의 세계는 마치 등장인물들 자신이 거울에 비친 모습과 비슷한 측면을 갖는다. 로키는 로기와 겨루고, 트얄피는 생각과 다툰다. 그리고 토르는 뿔잔으로 바닷물을 들이켜고, 세월과 씨름을 하고, 미트가르트 뱀을 들어올린다.

그들 중 아무도 헛것, 또는 허상과 겨루어 이기지 못한다. 이들이 하룻밤을 보낸 스크리미르의 장갑도 마찬가지고, 토르가 스크리미르의 이마를 세 번이나 내리쳤지만 실은 산을 내리쳤다는 이야기도 그렇다. 그들은 헛것에 홀려 있었던 것이다. 다만 그 헛것이 자기 자신과 아주 비슷한 것들이거나, 아니면 대립하는 것들을 나타내고 있다는 점이 재미있을 뿐이다. 뒤집으면 트얄피는 세상에서 가장 빠르고, 토르는 세상에서 가장 강한 존재이다. 불의 신 로키는 그야말로 저 자신과 씨름을 한 것이다.

이 이야기가 이상한 대립상 또는 거울 속 모습이라는 것은 '우트가르트-로키'라는 이름 자체에서도 드러난다. 요툰하임에서도 가장 중심부인 우트가르트를 다스리는 '로키' 아닌가. 로키는 신과 거인의 이중적인 존재이다. 그는 곧 라그나뢰크를 불러올 괴물들의 아버지이며, 라그나뢰크가 닥치면 거인들 편에 서게 된다. 그런 로키의 거인적인 모습, 또는 거울 속 버전이 바로 우트가르트-로키이다.

허풍선이 거인 흐룽니르

토르 신이 괴물들을 물리치러 동쪽으로 떠나고 없을 때였다. 오딘 신은 다리 여덟 달린 말 슬라이프니르를 타고 혼자서 거인들의 나라 요툰하임으로 향했다. 다리 여덟 달린 말은 뭍, 물, 공중 어디서든, 바람도 따라잡을 수 없을 정도로 잘 달렸다.

오딘 신은 요툰하임을 이리저리 돌아다니다가 흐룽니르라는 거인을 만났다. 그도 또한 훌륭한 말을 갖고 있는 데다, 말 다루는 솜씨가 좋기로 유명한 거인이었다. 흐룽니르는 마침 말을 타지 않고 끌고 오는 중이었다. 오딘 신이 거인들의 세계인 요툰하임에 나타난 것을 보더니 흐룽니르가 시비조로 말을 걸었다.

"황금 투구를 쓰고, 뭍이나 물이나 가리지 않고 말을 달리는 이분은 누구신가? 게다가 말도 이렇게 훌륭하니 말이지."

"그야 물론. 내 머리를 걸고 하는 말이지만 이렇게 훌륭한 말은 요툰하임에는 없을 거다."

이렇게 대꾸하면서 오딘은 말에 채찍질을 하여 힘차게 달려나가기 시작했다. 거인이 분이 나 뒤에서 소리쳤다.

"그 말도 훌륭하지만 내 말 황금갈기(굴팍시 Gullfaxi)가 더 멀리 뛸 수 있어."

그 말과 동시에 흐룽니르도 재빨리 자신의 말에 올라타고는 오딘의 뒤를 따라왔다. 그는 오딘의 허풍을 꺾을 셈이었다.

하지만 제 머리를 걸어놓은 오딘 신은 아제의 힘을 다하여 죽어라 달려, 아무리 시간이 흘러도 여전히 거인보다 한참이나 앞섰다. 흐룽니르는 흐룽니르대로 요툰의 분노와 에너지를 다 동원하여 오딘 신을 따라잡으려고 달렸다. 어느새 아스가르트의 성벽 안으로 들어섰건만 흐룽니르는 그런 줄도 모르고 말을 몰기에만 열을 올렸다. 이렇게 해서 그는 자기도 모르는 새에 오딘 신의 궁전인 발할의 거대한 문 앞에 이르렀다.

신들은 아스가르트로 들어온 거인을 술잔치에 초대하였다. 대담하고 사나운 거인은 서슴지 않고 홀 안으로 따라 들어가 식탁에 자리를 잡고 앉았다. 신들은 마침 동쪽 나라로 떠나고 없는 토르 신의 거대한 술잔 두 개에 술을 가득 부어 거인에게 내밀었다. 흐룽니르는 단번에 술잔 둘을 모두 비웠다. 머지않아 거인은 잔뜩 취하였다. 토르 신의 주량이 만만치 않아 그의 술잔 또한 특별히 컸는데, 그렇게 빨리 마셨으니 당연한 일이었다.

게다가 오딘 신을 따라잡으려고 말을 달릴 때부터 그는 무척 분노한 상태였다. 그런 상태에서 말을 달리고 난 다음, 술을 벌컥벌컥 들이켜 잔뜩 취하기까지 하자, 흐룽니르는 아무도 말릴 수 없을 정도로 큰소리를 치기 시작하였다.

"이까짓 발할, 내가 통째로 들어올려 겨드랑이에 끼고 요툰하임으로 가져갈 수 있어. 아스가르트는 바다에 빠뜨리고 너희 신들은 하나도 남김없이 모조리 죽여버릴 테다. 다만 어여쁜 프라야와 지프만 살려두고 마누라 삼아 하루씩 번갈아 데리고 잘 것이야!"

프라야는 흐룽니르의 허풍이 재미있다는 듯 그에게 술을 더 따라주었다. 흐룽니르는 이제 신들에게 모두들 잔을 비우라고 큰소리를 쳤다. 신들은 차츰 거인의 허풍이 지겨워졌다. 프라야 여신만은 그에게 계속 술을 부어주었지만, 흐룽니르는 아무리 마셔도 정신을 잃지는 않고 허풍만 더욱 세졌다. 그의 허풍이 참기 어려워, 신들은 멀리 떠난 토르 신을 기다리기 시작하였다. 여기저기서 토르의 이름을 부르는 소리가 들렸다.

그 순간 정말로 토르 신이 돌아왔다. 그는 신들의 홀에서 거인이 술에 취해 큰소리치고 있는 꼴을 보더니 망치를 움켜잡으며 소리를 버럭 질렀다.

"이 멍청한 거인이 여기서 술을 처먹다니 대체 누구 잘못이냐? 누가 흐룽니르에게 발할의 식탁에 앉으라고 허락했느냐? 게다가 신들의 잔치처럼 프라야가 술을 따르다니, 이게 대체 무슨 일인가?"

그러자 신들은 모두 찔끔하고 있는데 흐룽니르가 나서서 토르에게 잔뜩 못마땅한 눈길을 보내며 대답하였다.

"오딘이 나를 이 잔치에 초대했다. 오딘이 평화의 제안을 해서 내가 이 자리에 온 것이다."

토르가 대꾸하였다.

"여기서 나가기도 전에 너는 이 초대를 받아들인 것을 후회할 거다."

술에 취해 허풍을 떨던 흐룽니르는 갑자기 술기운이 싹 가셨는지, 무시무시한 토르 신을 향해 또박또박 바른말을 잘도 지껄였다.

"무기도 없는 나를 죽인다고 토르에게 명예가 되지는 않을 게다. 요툰하임 경계선 근처에서 나하고 정식으로 한판 겨루는 쪽이 네 용기를 세상에 더 잘 보여주는 일이지."

그러면서 한마디 더 덧붙였다.

"방패와 숫돌을 집에 두고 오다니 나도 참 멍청하지. 그것만 있었다면 당장이라도 너와 맞붙어 '외딴 섬 결투'*를 벌일 테지만, 그럴 처지가 못 되니, 네가 무기도 없는 나를 이대로 죽인다면 그냥 시기심으로 나를 해쳤다고 비난할밖에."

토르 신은 거인의 제안을 물리칠 생각이 조금도 없었다. 하지만 지금까지 어떤 거인도 감히 토르 신에게 이렇게 당당하게 결투를 신청한 적이 없었기에 속으로 은근히 놀랐다. 어쨌든 토르 신이 흐룽니르의 제안을 받아들여서 그들은 결투 날짜를 정하고, 흐룽니르는 무사히 자신의 말을 타고 집으로 돌아갈 수 있었다.

---

* 외딴 섬 결투(Holmgang) : 게르만 신화와 전설에 등장하는 결투 방식. 결투하는 두 사람이나, 양쪽으로 나뉜 용사들이 외딴 섬으로 들어가 한쪽이 완전히 쓰러져 죽을 때까지 결투를 계속하는 방식. 고트프리트 폰 슈트라스부르크의 《트리스탄과 이졸데》에도 이런 결투가 등장한다. 여기서 흐룽니르가 제안하는 것도, 둘 중 한쪽이 쓰러져 죽는 것을 전제로 한 죽음의 결투이다.

두려운 토르의 손아귀를 벗어난 흐룽니르는 요툰하임으로 걸음을 재촉했다. 거인들 사이에서는 그가 토르와 결투를 약속했다는 소문에 엄청난 소동이 일어났다. 거인들이 잔뜩 그에게 몰려들었다. 흐룽니르가 토르를 물리치는 일이 그들에게는 무엇보다 중요하였기 때문이다. 거인들 중 가장 강한 이가 흐룽니르인데, 만일 그가 지는 날이면 자기들은 앞으로 어찌 될지 두렵기 짝이 없었다.

그래서 거인들은 토르와 흐룽니르의 결투가 벌어질 장소인 '그리오투나가르트(Griottunagardr)'에 모여서 점토로 거대한 남자 하나를 만들었다. 키가 9마일이나 되고, 가슴둘레가 3마일이나 되는 점토 거인이었다. 그들은 이렇게 거대한 점토 거인을 만들기는 했지만 맞춤한 심장을 찾지 못했다. 그래서 고민하다가 암말을 잡아 그 심장을 점토 거인의 가슴에 넣어주었다.

흐룽니르 자신은 단단한 돌 심장을 가진 거인이었다. 날카로운 모서리가 있는 삼각뿔 모양의 심장이었다. 그의 머리도 돌로 만들어졌고, 그의 유명한 방패도 넓고 두툼한 돌로 만들어졌다. 그리고 그의 무기 또한 크고도 무시무시한 숫돌이었다. 그러니까 흐룽니르는 돌로 된 산악거인이었다.

결투의 날이 되었다. 흐룽니르는 숫돌을 어깨에 둘러메고, 돌 방패로 앞을 가리고 토르 신이 오기를 기다렸다. 엄청나게 큰 점토 거인이 흐룽니르의 곁에 섰지만 별 쓸모는 없었다. 암말의 심장을 달아 어찌나 겁이 많았던지, 멀리서 토르 신이 오는 소리만 듣고도 벌써 겁을 먹고 오줌을 질질 흘리면서 비실거렸다.

토르 신이 트얄피를 데리고 결투 장소에 나타났다. 신과 거인은 당연히 '외딴 섬 결투' 방식으로 싸울 참이었다. 장비는 각기 멋대로 마련할 수 있지만 한번 싸움이 시작되면 한쪽이 죽을 때까지 계속되는 싸움이었다. 흐룽니르의 모습이 멀리서 보이자, 세상에서 가장 빨리 달리는 트얄피가 토르 신보다 훨씬 앞서 흐룽니르에게 달려가더니 이렇게 말했다.

"흐룽니르가 방패를 가졌네. 하지만 방패를 잘못 들었구나. 요툰 거인아. 너는 방패로 앞을 가리고 있지만, 토르 신은 벌써 네 꼴을 보고는 땅속으로 들어갔어. 이제 땅 밑에서 너를 공격할 거다, 이 멍청아."

이 말을 듣고 흐룽니르는 재빨리 방패를 땅에 내려놓고, 그 위에 올라섰다. 그리고 두 손으로 숫돌을 단단히 움켜쥐었다. 하지만 그는 잽싼 트얄피의 말에 속아넘어간 것이었다. 이어서 번개가 번쩍이고 천둥치는 소리가 들리며 토르 신이 모습을 드러내더니 빠른 속도로 달려왔다. 토르는 멀리서 망치를 하늘 높이 쳐들고

쇠망치를 손에 든 토르의 조각상. 여기서는 우직한 농업의 신 토르의 모습이 더 강하게 느껴진다. B. 포겔베르크의 조각, 대리석, 1890년경.

휘둘러 흐룽니르를 향해 힘껏 날려보냈다. 흐룽니르는 거인의 분노로, 토르는 아제의 분노로 이글이글 타올랐다. 흐룽니르도 두 손으로 숫돌을 꼭 움켜쥐고 날아오는 망치를 향해 집어던졌다.

망치와 숫돌이 하늘에서 부딪쳤다. 숫돌이 두 조각으로 쪼개져 그 중 한 조각이 땅으로 떨어졌다. 이 세상에 있는 모든 숫돌 산은 이때 땅으로 떨어진 흐룽니르의 숫돌에서 생겨난 것이다. 특히 북유럽의 바다나 산에는 뾰쪽뾰쪽 솟은 날카로운 바위들이 많은데, 이들이 바로 흐룽니르의 숫돌 조각이라고 한다. 나머지 한 조각은 토르의 머리에 가서 박혔다. 숫돌을 맞은 토르 신은 그대로 땅에 쓰러졌다.

다른 한편, 토르 신의 망치 묠니르는 숫돌을 쪼갠 다음 계속 날아가 흐룽니르의 머리 한복판을 정통으로 맞히면서 그의 두개골을 산산조각냈다. 흐룽니르는 쓰러진 토르의 몸 위로 엎어졌다. 그 바람에 흐룽니르의 거대한 발이 토르의 목 위에 걸쳐졌다. 이미 머리에 심각한 부상을 입은 토르에게는 말 그대로 엎친 데 덮친 격이었다. 그는 꼼짝 못하고 그대로 쓰러져 있었다.

그 사이 잽싼 트얄피가 점토 거인과 맞섰는데, 거인은 도무지 트얄피의 상대가 되지 못했다. 암말의 심장을 단 점토 거인은 꼬마 트얄피가 몇 번 잽싸게 요리조리 달리자, 그를 잡으려고 이리저리 둔하게 몸을 돌리다가 제 몸에 제가 걸려 풀썩 쓰러져서 그대로 무너져 죽고 말았다.

트얄피는 점토 거인을 물리친 다음 재빨리 토르 신에게로 달려갔다. 그리고 토르 신의 목에서 흐룽니르의 발을 치우려 해보았지만 꿈쩍도 하지 않았다. 토르가 쓰러졌다는 소식을 듣고 아제 신들도 모두 달려왔다. 그들은 모두 힘을 합쳐 흐룽니르의 발을 치우려 해보았지만 여전히 꿈쩍도 하지 않았다.

그러자 토르 신과 거인 여인 야른작사(Jarnsaxa) 사이에서 생겨난 어린 아들 마그니(Magni)가 달려왔다. 그는 태어나서 이제 겨우 사흘밖에 되지 않은 아기였다.* 어린 마그니가 기어오더니 흐룽니르의 발을 번쩍 쳐들어 옆으로 치워버렸다. 그러고는 이렇게 말했다.

"이렇게 늦게 와서 정말로 미안해, 아버지. 조금만 일찍 왔더라면 이 거인 놈을 맨주먹으로 때려잡아 지옥으로 보냈을 건데."

이것은 아주 헛말은 아니었다. 마그니는 아버지 토르 신의 힘을 고스란히 물려받았을 뿐 아니라 어머니에게서도 만만치 않은 힘을 물려받았기 때문이다. 그는 토르 신의 힘을 상징하는 존재였다. 그야말로 토르의 '살 중의 살이요, 뼈 중의 뼈'였다. 어린 아들놈이 이렇게 힘이 장사인 것을 보자 토르는 기쁜 나머지 아픈 것도 잊어버리고 벌떡 일어나서 아들을 품에 끌어안고 말했다.

"넌 커서 정말로 장사가 될 거다, 마그니야. 흐룽니르의 말 황금갈기를 네게 주마."

곁에서 이것을 보고 있던 오딘 신이 투덜거렸다.

"아니, 저렇게 귀한 말을 거인 여자의 아들놈에게 주다니. 제 아비한테나 줄 일이지." 이럴 때 보면 오딘 신은 정말로 욕심이 많았다. 오딘의 말 슬라이프니르는 황금갈기보다 나으면 나았지 절대로 못하지 않았으니 말이다.

---

* 짐로크 판에는 "태어나서 겨울을 세 번 넘긴" 아이로 되어 있다. 하지만 최근 번역판인 아르눌프 크라우제 판(1997)에는 "태어난 지 사흘"로 나온다. 크라우제를 따르기로 한다.

토르 신은 숫돌을 이마에 꽂은 채 집으로 향했다. 하지만 숫돌이 꽂힌 머리가 지끈거려서 정신이 하나도 없었다. 집으로 가는 길에 토르 신은 용사 외르반딜(Oerwandil)의 아내인 그로아(Groa)를 만났다. 용사들을 보호하는 마법을 익히고 있던 그로아는 토르 신을 위해 마법의 주문을 읊기 시작하였다. 그러자 숫돌이 머리에서 빠지려고 느슨해졌다.

토르 신은 이것을 느꼈다. 아픈 것이 훨씬 순해졌기 때문이다. 이마에서 지끈거리는 숫돌을 빼낼 수 있으리라는 희망에 마음이 잔뜩 부푼 토르 신은 급한 성질대로 그로아를 빨리 기쁘게 할 속셈에 성급하게 말했다.

"내가 저 북쪽에서 얼음강 엘리바가르(Eliwagar)를 건너올 때, 네 남편 외르반딜을 바구니에 집어넣어 등에 짊어지고 강을 건너 요툰하임을 벗어났더니라."

그러니까 자신이 그녀의 남편을 거인들의 나라에서 무사히 구출했다는 말을 전해준 것이다. 덧붙여서 이렇게 말했다.

"다만 발가락 하나가 바구니 밖으로 삐져나온 바람에 동상에 걸려서, 그 발가락을 잘라 내가 하늘 높이 던졌다. 그래서 그의 발가락이 하늘의 별이 되었느니. 사람들은 그 별을 외르반딜의 발가락이라 부르지. 네 남편 외르반딜은 이제 머지않아 집으로 돌아올 거다."

그로아는 남편이 무사히 돌아온다는 소식을 듣고 너무 기쁜 나머지 마법의 주문을 홀랑 잊어버리고 말았다. 아무리 기억해내려 해도 다시는 주문이 생각나지 않았다. 커다란 숫돌은 토르 신의 이마에 그대로 박힌 채 더는 느슨해지지 않았다. 그 뒤로는 어느 누구도 숫돌을 함부로 던져서는 안 되었다. 그것이 토르 신의 머리에 아직도 꽂혀 있는 숫돌을 건드릴지도 모르고, 그랬다가는 그의 두통이 심해져서 큰 폭풍이 일어날지도 모르기 때문이다.

이 긴 이야기는 흐룽니르가 오딘에게 시비를 건 일에서 시작되었다. 만일 흐룽니르가 아스가르트에 초대를 받았을 때 술자리에서 절도를 지켰더라면 일이 이렇게까지 커지지 않았을지도 모른다. 그야 어찌 되었든 이야기만 재미있으면 상관없지만. 그래도 우리는 오딘의 말씀 〈하바말〉에서 술자리의 경구를 찾아볼 수 있다.

> "술자리에 오래 있더라도 잔은 천천히 비우고 좋은 말을 하거나 아예 침묵하라. 네가 일찍 돌아간다 해도 아무도 그것을 나쁘게 여기지 않는다." (18)

> "식사에 초대받아 다른 손님을 비웃고 도망쳐서 안전을 구한 사람은 세가 똑똑한 줄로 여기기 쉬우나, 이런 비웃음으로 두려운 적을 더욱 분노하게 만든 것을 깨달았을 때는 이미 너무 늦었다." (30)

히미르의 세 가지 시험

 한번은 신들이 짐승을 잡아 잔치를 벌이는데 도무지 음식 맛이 나지 않았다. 술이 필요했던 것이다. 그래서 짐승 한 마리를 제물로 잡아 그 피를 그릇에 받아놓고, 루네 문자가 새겨진 나뭇가지를 피에 담가 점을 쳤다. 에기르(Ägir)가 이 문제를 해결할 수 있지만 그에게는 술을 담글 커다란 솥이 없다는 점괘가 나왔다.

신들 몇이 바닷가로 갔다. 피오르드 해변 저편 바다 한가운데에 바다거인 에기르가 사는 섬이 보였다. 얼지 않는 물이 섬을 둘러싸고 있어서 바다가 꽁꽁 얼어붙어도 이 섬 주변의 물만은 얼지 않았다. 그곳에 바다거인 에기르와 심술궂은 아내 란이 살고 있었다. 란은 특별한 그물을 갖고 있었는데, 그것으로 물고기만 잡는 것이 아니라 이따금

뱃사람과 배까지도 통째로 잡아들이곤 하였다. 에기르는 바람과 불을 형제로 두었고, 아홉 파도를 딸로 두었다. 오딘은 이들 에기르의 딸들과의 사이에서 아들 하임달을 얻었다.

신들은 프라이의 접는 배 스키트블라트니르를 타고 바다거인의 섬으로 갔다. 에기르는 이제 신들의 방문이 그다지 달갑지 않았지만 무시무시한 토르의 모습에 기가 눌려서 아무 말 없이 그들을 맞아들였다. 바닷가에 자리 잡은 에기르의 궁전에는 파도 소리만 기분 좋게 들려왔다. 바닷가 궁전은 크기가 넉넉하면서도 아늑하였다. 토르가 에기르에게 이곳에서 이제 신들을 위한 잔치를 베풀어달라고 요구하였다. 에기르는 내키지 않아 어떻게든 그 일을 모면해보려고 이렇게 대꾸하였다.

"이제 신들이 모두 마실 만큼 맥주를 빚으려면 엄청나게 큰 솥이 필요한데, 그만한 솥을 가져온다면야 술을 빚어 잔치를 열어주마."

신들은 대체 어디서 그런 큰 솥을 구할 수 있는지 몰라 당황하였다. 거인은 고소한 마음에 큰 소리로 웃으면서, 신들이 솥을 구해오지 못하면 자기도 술을 빚을 수 없고, 그러면 잔치를 열 수 없다고 말했다.

신들은 아무 말도 못 하고 아스가르트로 돌아와서 회의를 하였다. 누구도 방책을 내놓지 못하고 있는데, 신들 중 가장 용감한 외팔이 티르(Tyr)가 앞으로 나섰다. 티르는 로키와 거인 여인 앙그르보다(Angrboda) 사이에서 태어난 무시무시한 아들 펜리스(Fenris) 늑대에게 오른손을 먹히고 난 뒤로 외팔이 신세가 되었다(2권 〈불행을 몰고 오는 로키의 불길한 자식〉 참조). 티르가 말했다.

"저기 엘리바가르 강 동편, 하늘의 끝자락에 힘이 세고 아주 지혜로

바다거인 에기르의 아내 란은 바다에 있는 모든 것을 잡아들이는 특별한 그물을 가지고 있다. 피터 허드의 그림, 1882년.

운 거인인 나의 아버지 히미르(Hymir)가 살고 있는데, 그가 깊이가 1마일이나 되는 큰 솥을 갖고 있거든."

"너는 우리가 그 솥을 얻을 수 있다고 생각하나?"

토르 신이 물었다.

"계략을 쓰면 못 얻을 것도 없지."

얼음바다를 다스리는 거인 히미르는 티르 신의 아버지였다. 또 다른 설에 따르면, 티르는 히미르의 아내와 오딘 사이에서 태어난 자식이라고도 한다. 그래서인지 히미르는 이제 신들과 함께 사는 아들 티르를 몹시 못마땅하게 여겼다.*

티르는 토르 신과 함께 그날로 히미르가 사는 곳을 향해 길을 나섰다. 그들은 '이빨 가는 염소'와 '이빨 부딪치는 염소'가 끄는 토르 신의 마차를 타고 갔다. 이들은 폭풍과 천둥의 신 토르가 어디를 가든지 그의 마차를 끌고 힘차게 달렸다. 히미르는 북쪽 바닷가에서 멀지 않은 숲 속, 커다란 솥 모양으로 움푹 팬 협곡에 살았다. 토르 신이 염소들을 우리에 몰아넣고 나서 그들은 히미르의 집으로 들어갔다.

티르는 아주 오래전에 고향을 떠나 아스가르트에서 살았기에 고향과는 거의 인연이 끊긴 상태였다. 어머니는 오랜만에 나타난 아들을 보고 감격하여 얼싸안았다. 그리고 티르와 토르에게 아버지가 돌아오기 전에 기둥 뒤, 벽에 걸려 있는 수많은 솥 아래쪽에 몸을 숨기라고

---

* 오딘 이전에는 티르가 게르만의 최고신이었다. 옛날에 티르는 전쟁과 승리의 신이었다. 그는 빛과 따뜻함을 주고, 정의와 지상의 맹세를 수호하였다. 또한 고대 게르만족들의 민회에서 정의의 편을 들어주는 신이었다. 9세기 바이킹 용사들은 자신들의 잔인한 행동을 '티르의 활동'이라 불렀다. 티르는 거인 히미르의 아들이며, 그의 할머니는 머리가 구백 개나 달린 거인 여인이다. 토르가 히미르에게서 양조용 솥을 얻어가는 이 이야기에서, 아제 신이 된 티르가 자신의 아버지인 히미르를 죽이는 토르의 편을 들고 있음을 볼 수 있다. 티르는 이제 신에 흡수되면서 오딘과 히미르의 아내 사이에서 태어난 아들로 여겨져, 오딘의 아들 토르와 피가 섞인 형제가 된다. Paul Herrmann, *Nord*, S. 152ff.

말했다. 히미르가 이따금씩 별 이유도 없이 손님을 해치는 일이 있었기 때문이다.

그날 저녁 늦게, 거인 히미르가 수염에 고드름을 주렁주렁 매달고 사냥 나갔던 얼음바다에서 돌아왔다. 그가 들어서자 바닥의 널빤지가 쿵쿵 울렸다.

"어서 오세요, 여보. 기쁜 소식이 있어요. 오래전부터 기다리던 우리 아들이 친구와 함께 찾아왔어요."

아내가 소식을 전하자 그는 못마땅해서 기둥을 바라보고 눈을 흘겼다. 그의 눈길이 얼마나 사나웠던지 그만 기둥이 무너지면서 천장 가장자리에 붙은 들보 하나가 부러졌다. 그 바람에 벽에 걸려 있던 솥단지 여덟 개가 아래로 떨어졌는데, 그 중 일곱 개가 부서지고 아주 튼튼하게 만들어진 한 개만 상하지 않고 온전하게 남았다. 티르와 토르는 그 솥 아래 있었기에 다치지 않았다.

토르는 당장에라도 히미르에게 덤벼들고 싶었지만 솥을 얻을 때까지는 잠자코 있으라고 티르가 말했다. 히미르는 아들이 거인 잡는 토르와 함께 자신의 홀 안으로 들어서는 꼴을 바라보면서 불길한 예감이 들었다. 토르 손에 죽은 흐룽니르가 그의 친구였던 것이다.

히미르는 못마땅한 마음을 누르고 황소 세 마리를 잡아 손님들에게 저녁식사를 푸짐하게 대접하였다. 토르가 그 중 두 마리를 먹어치웠다. 히미르는 '저렇게 많이 먹는 손님을 내 어찌 감당하랴' 하고 생각하였다. 그래서 손님에게 소고기 대신 물고기를 대접할 셈으로 토르에게 다음날 물고기를 잡으러 가자고 제안하였다. 외팔이 티르는 그런 일에는 별 쓸모가 없었다.

✚ 큰 물고기 잡기

다음날 그들은 바다로 나갈 준비를 했다. 히미르가 토르에게 퉁명스레 소리쳤다.

"용기가 있다면 짐승들이 있는 곳으로 찾아가 손수 미끼를 장만해라."

토르는 히미르의 소들이 풀을 뜯고 있는 숲으로 갔다. 그곳 소 떼 사이에 털빛이 새까만 황소 한 마리가 있었다. 토르는 덩치가 가장 좋은 이 검은 황소의 뿔 사이 이마를 내리쳐서 단번에 숨통을 끊고는 그 머리를 잘라가지고 배로 돌아왔다.

히미르가 노를 저어 바다로 나아갔다. 언제나 고기 잡으러 나오곤 하던 곳에 이르자 히미르가 배를 멈추었다. 토르는 더 가기를 원했지만 히미르는 더 나아갈 생각이 없었다. 앞으로 더 나아갔다가 미트가르트 뱀을 만날까 두려웠던 것이다. 힘센 거인 히미르가 그곳에 배를 멈추자 머지않아 커다란 고래 두 마리가 나타났다. 거인은 기다렸다는 듯이 낚시로 고래 두 마리를 모두 잡았다. 거인은 아무리 토르라 해도 이보다 더 큰 물고기를 잡지는 못하리라 여겼다. 하기야 고래보다 큰 물고기가 어디 있으랴.

거인이 고래 두 마리를 모두 잡자 이번에는 토르가 노를 잡고서 훨씬 더 먼 바다로 나갔다. 히미르는 그것이 못마땅했다. 마침내 토르가 배를 멈추고 닻을 내렸다. 너른 바다 한복판에서 토르는 아직도 신선한 피를 흘리는 황소 대가리를 낚시에 꿰어 깊은 바다 속에 던져넣었다.

그러자 미트가르트 뱀이 물속에서 입을 쩍 벌리고는 미끼를 꿀꺽 삼켰다. 토르는 낚싯대를 단단히 움켜쥐고 위로 잡아당겼다. 미트가르트

뱀이 미친 듯 요동을 치자 세상이 흔들리면서 토르가 잠시 힘에 부쳐 두 손으로 뱃전을 붙잡았다.

이어서 토르가 힘을 주자, 그의 두 발이 배를 뚫고 나가 바다 바닥에 버티고 섰다.* 그런 상태로 토르가 낚싯대를 힘껏 당기자 뱀의 머리가 뱃전까지 당겨져 올라왔다. 토르와 뱀은 서로 죽어라 싸웠다. 뱀이 입에서 독기 어린 불꽃을 뿜어내는데도 토르는 낚싯줄을 힘껏 조이며 바다괴물을 후려치려고 망치를 하늘로 번쩍 치켜들었다.

그 순간 두려움에 사로잡힌 거인 히미르가 재빨리 칼을 집어들고 토르의 낚싯줄을 끊어버렸다. 뱀은 토르의 손에서 벗어나 바다 속으로 도로 내려가 얼른 사라져버렸다. 거인이 고래 두 마리를 잡았다면 토르는 미트가르트 뱀을 잡은 셈이었다. 그들이 내놓고 내기를 한 것은 아니지만, 토르와 히미르의 힘겨루기에서 누가 더 센지는 아주 분명해졌다. 힘이 장사인 거인은 마음이 편치 않았다.

히미르는 아무 말 없이 바람을 거슬러 노를 저어 뭍으로 향했다. 그러다 말했다. "일을 반씩 나누어 맡기로 하자. 고래 두 마리를 집으로 메고 갈 테냐, 아니면 배를 정박시킬 테냐?"

토르는 아무 대답도 하지 않고 키를 잡고 노를 저으며 혼자서 배를 바닷가에 정박시켰다. 그런 다음 거인이 잡은 고래 두 마리를 집어들고는 성큼성큼 걸어서, 솥 모양 협곡에 자리 잡은 거인의 집까지 가져

거인 히미르와 함께 물고기를 잡으러 바다로 나간 토르는 바다 속 괴물 미트가르트 뱀을 잡았다가 겁 먹은 히미르 때문에 놓치고 만다. 헨리 퓨젤리의 그림, 1790년.

---

* 스노리에 따르면 그렇다. 스노리는 《옛 에다》의 8번 〈히미르의 노래〉에 살을 붙여서 이야기를 훨씬 더 실감나게 만들었다. 덕분에 비현실적인 과장이 잔뜩 동원되었다. 그에 따르면 토르의 두 다리가 뱃바닥을 뚫는 바람에 배를 타고 뭍으로 돌아갈 수 없게 되자 토르가 바다 속으로 걸어서 배를 뭍으로 끌고 돌아왔다고 한다.

다가 내려놓았다. 그러고도 젊은 토르는 지친 기색이 별로 없었다.

토르가 미트가르트 뱀을 잡고 나서도 다른 번거로운 일들까지 해치 웠건만 거인은 토르의 힘을 시험해볼 생각뿐이었다. 어차피 미트가르트 뱀과 싸우느라 지쳤을 테니 지금이 그의 힘을 시험하기에 가장 좋은 순간이기도 했다.

✢ 술잔 깨기

히미르와 토르는 집 안으로 들어가서 식탁에 자리를 잡았다. 그러자 히미르가 곧바로 커다란 잔 하나를 토르 앞에 내놓으며 말했다.

"자네가 아무리 힘이 좋아도 노를 젓고 무거운 짐을 드느라 진이 빠졌을 테니 아마 이 잔을 깨뜨리진 못할 게야."

토르는 잔을 들고 잘 살펴보았다. 아름답고도 튼튼한 잔이었다. 히미르는 이렇게 훌륭한 잔을 깨뜨리라고 내놓은 것이다. 토르는 먼저 단단한 돌로 잔을 후려쳤지만 돌만 박살나고 말았다. 잔은 아주 튼튼했다. 이번에는 잔을 들어 홀에 힘껏 내리쳤지만 잔은 전혀 상하지 않은 채 다시 거인의 손으로 날아 돌아갔다.

그 순간 친절한 티르의 어머니가 그의 귀에 대고 슬그머니 속삭였다.

"히미르의 머리에 잔을 던져 보시오. 저 노인네의 고집스런 머리통이 이 잔보다 분명 더 단단할 테니."

토르는 다시 잔을 받아들고는 있는 힘을 다해 히미르의 이마를 향하여 던졌다. 힘껏 날아간 잔이 히미르의 이마에 맞고는 두 동강이 나고 말았다. 하지만 히미르의 이마는 아무렇지도 않았다. 히미르의 머리통이 잔보다 정말로 더 단단했으니, 우리는 그의 고집이 얼마나 센지 알 수 있다.

히미르는 잘 익은 술을 부어 마시던 아끼는 귀한 잔이 깨진 것을 무척 아쉬워했다. 그는 아쉬움을 꾹 누르고 마지막으로 이제 신 토르의 힘을 시험해보기로 하였다.

✣ 솥 운반하기

그것은 티르와 토르가 그토록 고대하던 시험이기도 했다. 히미르는 거대한 양조용 솥을 보관해둔 다락방으로 그들을 데려갔다. 정말로 엄청나게 큰 솥이었다. 히미르는 솥을 보여주며 말했다.

"이 솥을 궁 밖으로 들고 나가 보시게."

한쪽 손이 없어도 기운만큼은 남에게 빠지지 않는 티르가 먼저 솥을 움직여보려고 두 번이나 용을 써보았지만 아무 소용이 없었다. 그러자 토르가 나섰다. 그는 솥 가장자리를 단단히 붙잡아 어깨에 걸치고는 먼저 아래층으로 끌고 내려왔다. 아래층에서 다시 힘을 모아 솥을 머리에 뒤집어썼다. 솥의 손잡이가 그의 복사뼈에 닿아 짤랑거렸다. 온몸이 솥 안에 들어가고 발 두 개만 아래로 삐죽 나온 우스꽝스러운 꼴로 비틀거리면서 토르는 궁전 밖으로 나갔다.

히미르는 토르의 힘을 시험해보려고 했던 것이지만, 토르는 일단 들고 나온 솥을 머리에 뒤집어쓴 채 계속해서 앞으로 걸어갔다. 이제 누가 그를 말릴 수 있을까? 히미르는 이런 식으로 솥단지를 내줄 생각은 아니었던 모양이다. 그는 근처 동굴에 사는 머리 여럿 달린 거인들을 서둘러 불러모아 신들의 뒤를 쫓아갔다.

티르가 솥단지를 두들기며 무어라고 소리치는 바람에, 토르는 발길을 멈추고 솥의 한 귀퉁이를 위로 들어올리고 사방을 둘러보았다. 거인들이 사는 동쪽 방향에서 히미르를 선두로 머리 여럿 달린 거인들이 뒤를 쫓아오는 것이 보였다. 토르는 솥을 내려놓고 허리춤에 찼던 망치를 단단히 움켜잡았다. 그러고는 덤벼드는 암벽거인들을 모조리 때려죽였다. 결국 히미르는 솥을 내준 것으로 모자라 목숨까지 내주고 말았다.

토르는 이렇게 얻은 커다란 솥을 바다거인 에기르에게 가져다주었다. 에기르는 약속을 지켰다. 가을이면 이 솥으로 술을 잔뜩 빚어놓고 아스가르트의 신들을 초대하였다. 그 뒤로 신들은 해마다 에기르의 궁전에서 풍요로운 연회를 즐겼다.

바다거인 에기르의 잔치가 생겨난 기원을 서술하는 이 이야기에는, 술을 빚는 커다란 솥과 술잔, 또 솥단지처럼 생긴 협곡 등 술과 연관된 풍경과 소품들이 등장한다. 옛 게르만 전사들이 술을 즐겨 마신 것을 알 수 있는 부분이다. 그 밖에 거인이나 신의 크기를 서술할 때 과장법이 자주 쓰인 것을 볼 수 있다. 〈허풍선이 거인 흐룽니르〉에서도 점토거인의 키가 9마일이나 되는 것으로 나왔다. 여기서도 솥의 깊이가 1마일이나 되는데, 토르 신이 그 솥단지를 뒤집어쓰자 손잡이가 그의 복사뼈에 닿는다는 서술이 나온다. 신과 거인의 크기를 짐작할 수 있는 대목이다.*

그 밖에 이 이야기에서 농업의 신인 토르는 추수가 끝나고 일 년에

---

* 짐로크 번역판에 쓰인 '라스테(Raste)'라는 낱말을 여기서는 '마일'로 옮겼다. 이는 옛 도이치 말로 '(말 타고 혹은 걸어서) 세 시간 거리'를 뜻한다. 그러므로 낱말의 의미를 그대로 받아들인다면 실제로는 1마일보다 훨씬 길다.

한 번 큰 잔치를 베풀 때 필요한 술을 빚기 위해 솥단지를 구해온다. 이 또한 농부나 어부 들을 보호하는 토르 신의 특성을 보여준다.

3이라는 숫자는 게르만 신화와 전설과 동화에서 매우 중요한 기능을 한다. 이것은 우리의 관습에서도 마찬가지다. 가위바위보를 하고 나서 흔히 '삼세번'이라는 말로 세 번을 거듭한 다음 결과를 가르는 버릇도 그 중 하나다. 3은 인류에 공통된 가장 기본적인 숫자 상징의 하나이다.

예로부터 거룩한 것들은 자주 3이라는 숫자와 관련되어 있었다. 고대 그리스 세계에서 예언의 능력과 신탁의 힘이 가장 강했던 델포이 아폴론 신탁에서 여사제 피티아는 삼발이 위에 올라앉아 신의 예언을 전하였다. 기독교의 삼위일체 또한 널리 알려져 있다. 우리 고구려 벽화에도 다리 셋 달린 거룩한 새 삼족오가 등장한다. 중국 고대의 제사에서도 삼발이는 아주 중요한 역할을 하였다. 3은 가장 널리 등장하는 종교적 상징이며, 거룩한 숫자이다.

제 꾀에 넘어간
거인의 왕 가이뢰트

로키가 한번은 재미삼아 프라야의 매 옷을 걸치고 머나먼 요툰하임 깊은 곳, 거인들의 왕 가이뢰트(Geirröd)가 다스리는 곳으로 날아갔다. 그는 지붕 위 높은 곳에 앉아 호기심에 가득 찬 눈으로 성 안을 들여다보았다.

거인 가이뢰트가 지붕 위의 매를 발견하고 부하들에게 당장 저 매를 잡아오라고 명령하였다. 가이뢰트의 부하들은 매가 앉아 있는 곳으로 오르느라 거듭 미끄러지며 애를 썼다. 매는 그 광경을 재미있게 지켜보고 있었다. 마지막 순간까지 그 꼴을 구경하다. 맨 앞선 자가 거의 다가오면 그때 날아올라도 충분하려니 생각했다. 그러나 마지막 순간에 날개를 펼치고 날아오르려 할 때 발톱이 지붕의 틈 사이에 끼여서 얼른 빠지지 않는 바람에 붙잡히고 말았다.

그래서 로키는 거인 앞으로 붙잡혀 갔다. 거인은 매의 눈을 들여다보더니, 눈길이 예사롭지 않은 것으로 보아 그것이 실은 매로 변장한 다른 존재임을 알아차렸다. 거인이 정체를 밝히라고 요구하였으나 로키는 아무 대답도 하지 않았다. 그러자 가이뢰트는 매를 상자 속에 가두고 무거운 돌 뚜껑을 덮어놓았다.

석 달 동안이나 매는 상자 속에 갇힌 채 아무것도 먹지 못하였다. 그러다 결국 굶주림을 참지 못하고 자신의 정체를 드러냈다. 본모습을 나타낸 것이다. 가이뢰트는 배고픈 매가 실은 아스가르트의 말썽꾼 로키임을 알았다. 거인들의 왕은 이 기회를 잘 이용하여 골치 아픈 토르를 제거할 생각이 들었다. 가이뢰트는 로키에게 먼저 마실 물을 주고 나서 말했다.

"석 달이나 굶었으니 배가 몹시 고프겠구나. 지금 부하들이 먹을 것을 마련하는 중이다. 하지만 먼저 약속을 하나 해줘야겠다."

로키가 기운 없는 목소리로 물었다.

"무슨 소리냐?"

"토르를 이리로 데려오겠다고 약속해라."

"토르가 보고 싶단 말이지? 그야 어렵지 않은 일이다. 내 언제라도 토르를 이리로 데려오겠다."

로키가 선선히 대답하였다. 하지만 가이뢰트가 말을 이었다.

"한 가지 조건이 있다. 토르가 쇠망치와 쇠장갑과 허리띠를 놓아두고 맨몸으로 와야 한다. 무기들을 모조리 집에 놓아두고 맨몸인 토르를 이리로 데려오겠다고 약속해라."

로키는 당황해서 얼른 대답을 하지 못했다. 이것은 곤란한 일이었다. 토르가 무기도 지니지 않고 거인들의 나라로 오려 할까? 그 순간 맛있는 음식 냄새가 코로 스며들어 석 달 굶은 로키는 눈알이 뒤집힐 지경이었다. 그는 아무 생각도 나지 않았다.

"그래 좋다. 내 그렇게 하지."

"그럼 이렇게 말해라. '로키는 토르를 제 무기 없이 맨몸으로 가이뢰트의 땅으로 데려올 것을 맹세한다' 고 말이지."

로키가 얼른 그 말을 그대로 따라하였다.

"로키는 토르를 제 무기 없이 맨몸으로 가이뢰트의 땅으로 데려올 것을 맹세한다."

이렇게 맹세를 하고 나서야 가엾은 로키는 원하는 대로 실컷 먹을 수 있었다. 그런 다음 아스가르트로 돌아왔다.

로키는 거인에게 한 맹세를 지켜야 했다. 그래서 온갖 꾀를 다 내 토르를 꾀어냈다. 약간 우직한 데가 있는 토르는 약아빠진 로키의 말솜씨에 그만 넘어가고 말았다. 이렇게 해서 로키와 토르는 가이뢰트의 나라로 출발할 수 있었다. 토르는 정말로 쇠망치 묠니르와 쇠장갑과 허리띠를 모조리 아스가르트에 있는 자신의 궁전에 놓아두고 맨몸으로 길을 떠났다.

요툰하임의 가이뢰트 땅으로 가는 도중에 그들은 서리거인 그리트르(Gridr)의 집에서 하룻밤을 묵게 되었다. 그녀는 오딘과의 사이에 비다르(Widar)라는 아들을 두었다. 이제 신 비다르는 대단한 장사였지만 말수가 적었다. 게다가 아스가르트에 살지 않고 멀리 떨어진 곳에서

거대한 여인이 누운 모습을 한 서리거인. 북유럽 신화의 세계에서 얼음거인이나, 산악거인이 거대한 자연의 모습을 나타내듯이, 서리거인 역시 사나운 추위와 겨울을 상징한다. H. 솔버그의 그림, 1890년경.

혼자 살았다. 그래서 우리는 그의 이름을 자주 듣지 못하지만, 그는 최후의 전쟁 라그나뢰크에서 중요한 역할을 한다. 그리고 라그나뢰크 이후에도 중요한 역할이 그에게 맡겨져 있었다.

오딘과의 이런 특별한 인연 때문에 그리트르는 이제 신들을 돕는 거인이었다. 그녀는 로키와 토르가 가이뢰트에게 간다는 말을 들었다. 하지만 토르가 아무런 무기도 없이 맨몸으로 길을 나선 것을 보고 깜짝 놀랐다.

"세상에, 그게 대체 무슨 말이오. 가이뢰트는 정말로 지혜롭고 다루기 힘든 거인이라오. 그런데 토르가 이렇게 아무것도 없이 맨몸이니 만일에 무슨 일이라도 생기면 어찌 싸우려 하오. 정말로 딱한 일이구려."

그리트르가 혀를 끌끌 찼다. 늙은 거인 여인은 자신의 지팡이와 쇠장갑과 힘의 허리띠를 내주면서 이거라도 대신 가져가라고 말했다.

"일이 정 다급해지면 없는 것보단 나을 거요."

사실 쇠망치 묠니르가 없는 토르는 이미 토르가 아니었다. 하지만 친절한 그리트르의 도움으로 그래도 뭔가 비슷한 것을 얻기는 했다. 늙은 거인 여인의 허리띠를 몸에 두르고, 쇠장갑을 손에 끼고, 쇠망치 대신 그리트르의 지팡이를 손에 쥐게 된 것이다.

이튿날 아침 토르와 로키는 가이뢰트의 성을 향해 출발하였다. 한참을 가다 보니 세상에서 가장 넓은 강이 앞에 나타났다. 강이 깊지는 않았지만 물살은 매우 빨랐다. 토르가 허리띠를 단단히 조이고 지팡이로 강바닥을 짚으면서 앞장서고, 로키는 그의 허리춤을 붙잡고 따라갔다. 그들이 강 가운데 이르렀을 때 갑자기 물이 불어나기 시작하더니 순식간에 어깨까지 차올랐다.

토르가 무슨 일인가 싶어 사방을 둘러보자, 저 위쪽 좁은 계곡에 가이뢰트의 딸 그얄프(Gialp)의 모습이 보였다. 몸집이 거대한 거인 여인 그얄프가 계곡의 양편 언덕에 각기 한 발씩을 딛고 엄청난 양의 오줌을 누어서 물이 그렇게 빨리 불어난 것이다. 오줌이 폭포처럼 쏟아졌다. 토르는 강바닥에서 커다란 바위 덩이 하나를 집어들고 오줌 나오는 구멍을 겨냥해 힘껏 던졌다.

"큰물이 들면 수원지를 막아야지."

묠니르를 던지던 솜씨가 돌 던질 때도 나타나 돌은 정확하게 목표를 맞혔다. 토르가 던진 돌에 오줌 구멍을 맞은 그얄프는, 죽지는 않았지만 힘에 밀려 그대로 옆으로 쓰러지고 말았다. 하지만 이미 불어난 물이 신들의 몸 위로 덮쳐서, 그들은 몸의 균형을 잃고 팔다리를 허우적대다가 마가목 가지를 붙잡고서야 겨우 반대편 강둑으로 올라갈 수 있었다. 그 뒤로 마가목은 '토르를 구원한 나무' 라는 별명을 얻었다.

서정주의 《질마재 신화》에는 다음과 같은 재미난 시가 하나 들어 있다. 무를 굵게 만들기도 하고(풍요), 또 아이들 대가리를 위협하기도 하는 소자(小者) 이 생원네 마누라님 오줌발과, 거인 잡는 토르 신을 하마터면 빠뜨려 죽일 뻔한 그얄프의 오줌발을 비교해보라.

> 小者 李 생원네 마누라님의 오줌 기운
>
> 小者(소자) 李 생원네 무우밭은요. 질마재 마을에서도 제일로 무성하고 밑둥거리가 굵다고 소문이 났었는데요. 그건 이 小者 李 생원네 집 식구들 가운데서도 이 집 마누라님의 오줌 기운이 아주 센 때문이라고 모두들 말했읍니다.
>
> 옛날에 新羅(신라) 적에 智度路大王(지도로대왕)은 연장이 너무 커서 짝이 없다가 겨울 늙은 나무 밑에 長鼓(장고)만한 똥을 눈 색시를 만나서 같이 살았는데, 여기 이 마누라님의 오줌 속에도 長鼓(장고)만큼 무우밭까지 鼓舞(고무)시키는 무슨 그런 신바람도 있었는지 모르지. 마을의 아이들이 길을 빨리 가려고 이 댁 무우밭을 밟아 질러가다가 이 댁 마누라님한테 들키는 때는 그 오줌의 힘이 얼마나 센가를 아이들도 할 수 없이 알게 되었읍니다. — "네 이놈 게 있거라. 저놈을 사타구니에 집어넣고 더운 오줌을 대가리에다 몽땅 깔기어 놀라!" 그러면 아이들은 꿩 새끼들같이 풍기어 달아나면서 그 오줌의 힘이 얼마나 더울까를 똑똑히 잘 알 밖에 없었읍니다.

여러 시간이 지난 다음 마침내 그들은 가이뢰트의 궁전에 도착하였다. 거인은 신들을 맞아들여 숙소로 안내하였다. 하지만 그곳은 춥고 지저분하고 게다가 앉을 의자도 하나뿐이었다. 토르가 하나뿐인 의자에 자리 잡고 앉자 갑자기 의자가 움직이면서 천천히 위로 올라가기 시작하였다. 깜짝 놀란 토르는 그리트르가 빌려준 지팡이 끝을 천장에 대고 아래쪽으로 밀었다. 그 힘에 밀려 의자가 도로 아래로 내려갔다.

의자가 바닥에 닿자 우지끈 기둥 부서지는 소리가 나면서 비명이 들렸다. 가이뢰트의 딸 그얄프와 그라이프(Greip)가 의자 밑에 숨어서 토르를 천장에 짓눌러 죽이려다가, 반대로 토르가 의자를 아래로 눌러서 그들의 등뼈가 으스러진 것이다. 그리트르의 지팡이가 없었다면 거인의 딸들을 그렇게 쉽게 물리칠 수는 없었을 것이다.

가이뢰트는 심부름꾼을 보내 신들에게 큰 홀로 오시라고 초대하였다. 거인은 홀의 한쪽 벽면에 이글이글 타오르는 불을 피워두고는 그 한쪽 끝에 앉아서 토르가 오기를 기다리고 있었다.

토르가 홀에서 그의 맞은편에 섰는데, 갑자기 거인이 커다란 집게를 집어들고는 이글이글 달구어진 쇳덩이 하나를 난로에서 끄집어내 토르에게 던졌다. 하지만 토르도 이미 그리트르의 쇠장갑을 끼고 준비를 해둔 터였다. 그는 쇠장갑 낀 손으로 달구어진 쇳덩이를 야구공처럼 붙잡았다. 가이뢰트는 깜짝 놀라 기둥 뒤로 숨었다. 하지만 토르가 불에 달구어진 쇠공을 힘껏 던지자, 쇠공은 기둥을 뚫고, 가이뢰트의 심장을 뚫고, 이어서 벽을 뚫고 밖으로 튀어나갔다. 이렇게 해서 간교한 거인 가이뢰트는 죽고 말았다.

다시 오딘의 말씀인 〈하바말〉의 한 구절.

"안으로 들어가기 전에 먼저 출구를 확인해라. 집 안 어딘가에 원수가 숨어 있을지도 모르는 법이니."(1)

거인 트림에게
시집간 토르

어느 날 토르가 잠에서 깨어 소중한 쇠망치 묠니르를 향해 손을 뻗었으나 아무것도 잡히지 않았다. 수염을 흔들고 머리를 치면서 그는 미친 듯이 망치를 찾아 사방으로 돌아다녔다. 속이 다 뒤집힐 노릇이었지만 망치는 아무 데도 없었다. 토르가 거인 때려잡는 쇠망치를 잃어버린 것이다. 이런 기가 막힐 노릇이 있나.

그는 친구인 로키에게 찾아가서 말했다.

"글쎄, 내 말 좀 들어봐라, 로키야. 세상 누구도 모를 일이고 하늘에서도 땅에서도 생각할 수 없는 일인데 내가 망치를 도둑맞았다."

로키의 의견에 따라 그들은 서둘러 프라야 여신에게로 갔다. 토르가 여신에게 말했다.

"내가 지난밤 쇠망치를 잃어버렸소. 묠니르를 찾는 데 쓰려고 하니 매 옷 좀 빌려주겠소?"

"묠니르가 없어진 판에 그깟 매 옷이 금으로 만들어졌다 한들 못 드리겠소, 은으로 만들어졌다 한들 못 드리겠소? 어서 가져가시오."

이렇게 말하면서 프라야 여신이 얼른 매 옷을 내주었다. 그러자 로키가 매 옷을 입고 아스가르트 성벽을 넘어 서둘러 요툰하임으로 날아갔다.

로키가 보니, 산악거인들의 나라에 있는 높은 언덕 위에서 거인 왕 트림이 개에게 황금 목걸이를 걸어주고 말의 갈기를 빗질하고 있었다. 로키가 트림 앞으로 내려앉았다. 트림은 무엇인가 알고 있다는 듯이 느긋한 태도로 물었다.

"아제들은 요즘 어떻게 지내나? 그대는 무슨 일로 거인 나라에 왔는고?"

"아제 신들은 사정이 별로 좋지 못해. 혹시 자네가 토르의 망치를 감추었나?"

그러자 트림이 감출 것도 없다는 듯 선선히 이렇게 대답하였다.

"내가 토르의 망치를 감추었지. 땅속 8마일 깊이에 묻어두었다. 내가 프라야를 신부로 맞이할 수 있도록 이곳으로 데려오기 전에는 토르는 다시는 망치를 찾지 못할 거야."

트림의 말을 듣고 로키는 다시 요툰하임을 떠나 아스가르트로 날아왔다. 로키가 발할 근처에 있는 토르를 발견하고 내려앉으려는데, 토르가 아래서 소리쳤다.

"무얼 좀 알아냈니? 내려올 것 없이 그냥 하늘에서 소식을 들려줘. 앉으면 생각이 모자라고, 누웠다간 딴생각이 들 테니까."

로키가 하늘에서 대답했다.

"그래, 내가 중요한 걸 알아냈지. 거인들의 왕 트림이 망치를 가졌다더라. 프라야를 신부로 데려다주기 전엔 망치를 되찾지 못할 거라고 하던걸."

로키가 하늘에서 이렇게 소식을 전하자, 그 길로 둘은 다시 프라야 여신에게로 달려갔다. 성질 급한 토르가 앞뒤 없이 다짜고짜 말했다.

"프라야, 어서 신부의 면사포를 쓰시오. 우리 함께 거인들의 나라로 갑시다. 내 망치를 감춘 트림이 당신을 신부로 맞아들이고 싶다고 하니 말이오."

이 말을 듣고는 프라야가 분해서 펄쩍 뛰었다. 너무 펄펄 뛰는 바람에 빛나는 목걸이 브리징가멘이 목에서 벗겨져 땅으로 떨어졌다.

"나더러 거인 나라로 가자니, 나를 아무 사내나 상관없이 밝히는 여자로 여기는 게요? 나는 절대 가지 않을 테니 그리 아시오. 그런 일로는 내게 두 번 다시 말도 꺼내지 마시오."

프라야 여신은 단호하였다.

남신들과 여신들이 모두 발할에 모여, 어떻게 하면 토르 신의 망치를 되찾아올 수 있을지 회의를 시작하였다. 누구도 뾰족한 수를 내지 못하는데, 이제 신들 중 가장 눈이 밝고 바네 신들처럼 지혜로운 하임달 신이 기묘한 꾀를 내놓았다.

"토르에게 신부의 옷을 입히고 세상에서 가장 아름다운 프라야의 목걸이 브리징가멘을 걸어주는 게 어떻겠소. 열쇠 꾸러미를 찔렁거리게 하고, 가슴을 빛나는 보석으로 치장하고, 머리에 베일을 씌우는 겁니다. 이렇게 토르가 직접 프라야처럼 꾸미고 거인에게로 시집가는 거지요."

토르 신이 이 말에 펄펄 뛰었다.

"뭐, 나보고 여자 노릇을 하라고? 신부 옷을 입으라고?"

로키는 하임달의 생각이 재미있어서 킥킥거리며 대꾸했다.

"토르야, 네가 그런 말을 할 자격이나 있니? 망치를 찾아오지 못하는 날이면 머지않아 거인들이 아스가르트를 차지할 텐데?"

쇠망치를 잃어버린 토르로서는 달리 뾰족한 수가 없었다. 할 수 없이 그는 이 제안을 받아들였다. 여신들이 그를 여자로 꾸며주었다. 마구 엉클어진 머리카락과 붉은 수염을 매만져 커다란 리넨 천으로 정성스레 가리고, 큼직한 돌덩이 두 개를 가슴에 묶어 젖가슴을 만들고, 아름다운 신부 옷을 입혔다. 그런 다음 브리싱가멘을 목에 걸고 베일을 얼굴 위로 내려뜨리자 몸집이 아주 큰 새색시로 보였다.

토르는 너무 창피해서 입을 굳게 다물었다. 어차피 거인 앞에서 입이라도 뻥끗해, 그 낮고 굵은 목소리가 울리기라도 했다가는 큰일 날 참이었다. 로키가 신부 들러리 겸 하녀 노릇을 하겠노라 자청하였다. 물론 로키도 여자로 변장하였다. 원래 미끈하게 잘생긴 로키는 여자로 변장을 해도 별문제가 없었다. 염소 두 마리가 끄는 마차를 타고 그들은 거인 나라로 출발하였다.

그 사이 거인들의 왕 트림은 프라야를 신부로 맞아들일 혼인잔치를 준비하였다. 그에게는 황금 뿔이 달린 소들과 엄청난 재물이 있었다.

온갖 보석과 장신구가 잔뜩 있건만 그것들로 아름답게 치장할 프라야가 없음을 그는 항상 아쉬워하고 있었다. 아름다운 프라야 여신이 도착하기 전에 그는 결혼식 준비를 마쳤다. 거인 손님들이 일찌감치 몰려와 홀에 자리를 잡았다. 푸짐한 잔칫상이 차려지고, 기름진 음식과 엘(Äl) 술도 넉넉하게 마련되었다.

마침내 베일을 둘러쓴 아름다운 신부 일행이 도착하였다. 신랑과 신부와 손님들이 모두 훌륭하게 차려진 식탁에 둘러앉았고 연회가 시작되었다. 여자 노릇 하느라 화가 잔뜩 난 토르는 말을 할 수도 없는 처지라 그냥 먹기만 했다. 황소 한 마리와 연어 여덟 마리를 먹고 나서, 여자들을 위해 특별히 만든, 향료를 넣은 후식까지도 꾸역꾸역 말 없이 먹었다. 그리고 꿀술도 세 통이나 들이켰다. 신부가 이렇게 엄청난 양의 음식을 허겁지겁 먹고 마시는 것을 보고 신랑은 적잖이 놀랐다.

"세상에 신부가 이렇게 많이 먹는 걸 본 사람이 있는가? 나는 한 번도 못 보았네. 더구나 여자가 저렇게 술을 많이 마시는 것도 처음이야."

얌전하게 차려입고 신부 옆에 앉아 있던 하녀가 얼른 대꾸하였다.

"프라야 님은 거인들의 나라가 너무 그리워서 여드레 동안 아무것도 드시지 못했어요. 그래서

옛 게르만 사람들은 결혼식을 할 때 신부의 무릎에 망치를 올려놓는 관습이 있었다. 이러한 관습 덕분에 토르는 자기 망치를 되찾을 수 있었다. 청동 조각, 10세기.

지금 몹시 시장하신 거지요."

트림은 이곳에 오기를 그토록 갈망했다는 신부가 사랑스러워서 그녀에게 키스를 하려고 면사포를 살며시 들어올렸다. 하지만 면사포 안에서 이글이글 불타는 커다란 두 눈이 자기를 사납게 노려보는 것을 보고 너무나 놀라 홀의 저편까지 물러났다.

"프라야의 눈길이 무시무시하게 번뜩이는구나. 석탄 덩이처럼 이글거리네."

이번에도 하녀가 얼른 나서서 사태를 진정시켰다.

"프라야 님은 신랑에게 어서 가고 싶은 마음에 여드레 밤이나 잠을 자지 못해 그렇게 눈길이 달아올랐어요."

그러자 트림의 누이가 다가와서 신부에게 선물을 요구하였다.

"내 사랑과 호의를 얻으려거든 언니 손가락에 낀 그 붉은 금반지를 내게 주세요."

하지만 그 순간 트림이 시누이와 올케 사이에 미묘하고 복잡한 상황이 벌어지지 못하게 얼른 끼어들었다. 신이나 거인이나 인간의 세계나 어디라도 여자들끼리 시비라도 붙었다가는 골치가 아플 게 뻔했기 때문이다. 그는 이제 결혼식을 시작할 테니 어서 망치를 가져오라고 명령하였다. 옛날 게르만 사람들은 결혼식을 할 때 축복의 뜻으로 망치를 신부의 무릎에 올려놓는 관습이 있었기 때문이다. 여덟 명의 거인이 힘들게 묠니르를 들고 들어와 신부의 무릎에 올려놓았다.

쇠망치가 무릎에 놓인 것을 본 토르는 마음껏 웃음을 터뜨렸다. 순식간에 베일과 리넨 천을 다 벗어던지고 망치를 손에 들고 벌떡 일어섰다. 그는 무거운 망치를 마치 이쑤시개 휘두르듯 한 손으로 자유롭게 다루었다. 붉은 수염의 토르 신이 무서운 망치를 휘두르자 사방에 번개가 내리치고 천둥이 울려 온 세상이 흔들렸다. 속으로 분을 삭이고 있던 토르는 망치를 손에 잡자마자 마음껏 휘둘러 맨 먼저 트림을 죽이고 이어서 금반지를 달라던 그의 누이와 나머지 거인들도 모조리 죽였다.

이렇게 해서 토르는 잃었던 쇠망치를 도로 찾아왔다.

수염투성이 토르 신이 면사포 쓰고 시집간 꼴을 상상해보라. 얼마나 우스운가! 여기서도 해학과 조롱이 넘친다. 또한 망치를 결혼식의 축복으로 쓰던 고대 게르만 사람들의 관습을 여기서 볼 수 있다.

신과 난쟁이의 지혜문답

토르 신은 기운이 좋고 우직한 편이었다. 그래서 잿빛수염 사공에게 실컷 조롱을 당하고도 정작 배는 얻어 타지 못하고, 우트가르트-로키에게 몇 번이고 거듭 속아 넘어간 일도 있었다. 또 쇠망치를 잃어버려 면사포를 쓰고 신부로 변장하여 거인 트림에게 시집을 가기도 했다. 물론 진짜로 혼인식을 올린 것은 아니지만 그래도 북유럽 신들 중 가장 우락부락하고 힘이 좋은 수염투성이 토르 신이 프라야로 변장하고 시집을 간 사연은 정말로 우습기 짝이 없다.

하지만 토르 신이 거인들만 보면 울컥울컥 화를 잘 내고 성급하기는 해도 정말로 멍청했던 것은 아니다. 다음의 이야기를 들어보라.

한번은 검은 알프(Alb, 난쟁이) 알비스(Alwis)가 아스가르트로 찾아왔다. 검은 알프는 땅 밑에 살면서 대장장이 일을 하는 종족이다. 대담한 알비스는 무시무시한 토르 신의 딸을 사모하여 그녀와 결혼하려고 하였다. 아스가르트의 신이 거인과 결혼하는 일은 있어도, 난쟁이와 결혼하는 법은 없었다. 프라야 여신이 아름다운 목걸이 브리징가멘을 얻기 위해 난쟁이 네 명과 돌아가며 나흘 밤을 보낸 적은 있었지만 그것은 아주 예외적인 일이었다.

알비스는 토르의 딸 트루트를 집으로 데려가려고 서둘러 모든 준비를 마쳤다. 그 순간 밖에서 떠들썩한 소리가 들렸다. 멀리 외출했던 토르 신이 돌아온 것이다. 그는 자기 궁전에서 난쟁이를 발견하고는 멈칫하였다. 그러곤 나직한 소리로 물었다.

"넌 누구냐, 꼬마야? 또 얼굴은 어째서 그렇게 핼쑥한 거냐?"

토르의 거구를 보고 알비스가 얼굴이 하얗게 질린 채 대답하였다.

"내 이름은 알비스고, 땅 아래 바위 속에 내 집이 있소. 하지만 댁은 다른 이의 혼인을 함부로 끊지 마시오."

"무엇이라? 신부의 아비는 혼인을 막을 권한이 있지. 내가 집에 없을 때 이루어진 혼인 약속 같은 것은 내 알 바 아니다."

이런 말을 듣고도 알비스는 사태를 제대로 파악하지 못했다. 그래서 정말로 하나 마나 한 질문을 하고야 말았다.

"댁은 대체 뉘시오?"

"내 이름은 토르고, 오딘의 아들이다. 내 허락 없이는 아무도 내 딸을 데려가지 못한다."

그제야 알비스는 상대가 신부의 아버지임을 알아채고 정중한 태도로 자기소개를 하였다.

"딸을 제게 주십시오. 저는 아홉 세계를 두루 구경하였으며 그곳의 존재들에 대해 모든 것을 알고 있습니다."

알비스(Alwis)라는 이름은 '모든 것을 아는 자(der Allwissende)' 라는 뜻을 속에 품고 있다. 알비스의 자기소개를 듣고 난 토르는 세상에 대한 지식을 이렇게 많이 갖춘 지혜로운 난쟁이에게 딸을 주지 않을 이유가 없다고 말했다. 다만 딸을 내주기에 앞서 난쟁이의 지혜를 알아보기 위해 세상일을 이것저것 묻기 시작하였다.

이들이 주고받는 대화는 우리에게 낯설기만 하다. 하지만 옛날 게르만 세계에서 지혜는 지식에서 나오는 것이고, 세상의 수많은 것을 알고 그 이름을 아는 것은 중요한 지식에 속하였다. 이름이 곧 지식이고, 이름이 곧 마법이었다. 예를 들면, 토르 신은 땅이 무엇이냐고 묻는다. 그러면 알비스는 이렇게 대답한다.

"인간들에게는 '땅' 이요, 아제 신들에게는 '들판' 이며, 바네 신들은 그것을 '길' 이라 하고, 거인들은 '늘푸른' 이라 하고, 하얀 알프(요정)들은 '자람(성장)' 이라 하며, 더 높은 힘들은 '진흙' 이라 합니다."

이런 방식으로 그들의 이야기는 계속된다. 토르 신은 하늘, 달, 해, 구름, 바람, 공기, 바다, 불, 숲, 밤, 씨앗, 엘 술 등에 대해서 묻고, 지혜로운 난쟁이 알비스는 언제나 비슷한 순서로 각 존재들이 그것을 부르는 이름을 나열하였다. 이렇게 그들은 밤새도록 지혜문답을 주고받았다. 정말로 난쟁이의 지식은 끝이 없었다. 오히려 토르의 물음이 바닥이 날 것만 같았다. 이들이 이야기를 나누는 사이에 밤이 지나고 아침 해가 떠올랐다.

토르 신과 알비스가 이야기를 나누고 있던 토르의 궁전 안으로도 아침 햇살이 들어왔다. 아침 햇살을 받은 검은 알프는 그 자리에서 돌로 변하고 말았다. 땅속에 사는 난쟁이에게 햇빛은 독이었던 것이다. 알비스는 시간 가는 것도 잊고 토르와의 이야기에 정신이 팔렸다가 그만 아침 햇살을 온몸에 받아 돌이 되고 만 것이다.

알비스는 제가 얻은 지식을 자랑하느라 정신이 팔려서 제 목숨이 날아가는 것을 까맣게 잊었다. 《옛 에다》의 11번 노래인 〈알비스의 노래〉는 다른 노래들도 그렇듯이 몇 가지 중요한 함축 의미를 포함한다.

검은 알프 알비스가 세상 구경을 많이 하고 세상일을 많이 안다고 해서 토르의 딸을 넘본 것은 세상의 엄격한 질서를 보지 못했다는 뜻이다. 그는 거인들과 달리 난쟁이가 신들과 대등하게 겨루지 못한다는 사실을 분명하게 보지 못하였다. 세계가 시작될 때부터 거인들은 아제 신들과 거의 대등한 존재였다. 그들은 신이 만든 존재가 아니라 태초 거인의 후손이었으니 말이다. 그에 비해 검은 알프는 태초거인 이미르의 살 속에 있던 구더기를 가지고 신이 만든 존재였다.

알비스가 정말로 세상일을 많이 아는 지혜로운 난쟁이였다면, 먼저 이런 질서를 정확하게 알았어야 옳다. 그랬다면 그는 햇빛에 노출되어 돌로 변하는 일만은 면했을 것이다. 지식 자랑이 중요한 것이 아니라

어리석은 난쟁이가 제 지혜가 뛰어난 줄 알고 신과 문답하는 이 모티프를 바그너는 〈니벨룽의 반지〉 제3편 〈지크프리트〉에서 보탄(오딘) 신과 난쟁이 미메(레긴)의 수수께끼 내기에 이용했다. 미메는 보탄 신에게 세 가지 질문을 할 기회를 얻었다. 지크프리트를 위해 칼을 만들 비법을 물을 수 있는 절호의 기회였건만, 보탄 신을 얼른 쫓아낼 생각에 목숨을 건 내기에 엉뚱한 질문만 하다가 지고 만다. 그리고 보탄의 예언대로 미메는 '두려움을 모르는 자'인 지크프리트의 손에 죽는다. 아서 래컴의 그림, 1910년.

실은 제 목숨이 가장 중요한 것 아니던가. 이렇게 간단한 질서조차 제대로 알지 못했으면서 스스로 지혜로운 줄 여겼을 것이니 이 얼마나 어리석은 난쟁이인가.

지혜란 모름지기 제가 처한 처지와 제 능력과 한계를 정확하게 알고 세계에서 자신의 좌표를 뚜렷하게 인식하는 데서 출발한다. 그러므로 저 자신을 아는 것이 지혜의 출발점인 것이다.

알비스는 세상을 돌아다니며 지식은 좀 얻었지만 그렇게 축적한 지식에서 제게 필요한 정보를 추론해내는 데 실패하였다. 따라서 깨달음(인식)을 전혀 얻지 못하였다. 많이 배우고 많이 보았다고 해서 인식이 깊다 말할 수 없고, 지식이 지혜의 기반이라고는 하지만 단순한 기억의 나열이 지혜가 될 수 없음은 자명한 일이다. 축적한 지식을 바탕으로 자신에게 꼭 필요한 인식을 얻어야 하고, 이렇게 얻은 인식을 바탕으로 올바르게 행동하는 것이 곧 지혜로움이다.

토르 신은 그렇게 큰 몸집을 하고서 작은 난쟁이를 한 손으로 때려죽이는 어리석음을 범하지 않았다. 거인을 때려죽였다면 그 힘과 용기를 자랑할 수 있겠지만, 제 지혜로움에 스스로 도취된 어리석은 난쟁이를 때려죽였다고 무슨 명예가 되겠는가? 토르는 그냥 밤새 알비스에게 질문을 계속했을 뿐이다. 토르가 계속 묻는 것을 보고 알비스는 신나서 제 지식을 자랑하다가 스스로 몰락하였다. 토르는 손끝 하나 대지 않고 어리석은 난쟁이를 물리쳤다.

토르와 알비스의 대화에 나타나는 수많은 이름은 실용성은 없어도 아름다운 시어(詩語)의 특성을 보인다. 동일한 개념을 여러 이름으로 설명하는 가운데, 시인에게는 매우 쓸모 있는 아름다운 낱말들이 나타난다. 알비스의 운명이야 어찌 되었든, 이 시편을 쓴 시인은 아마도 시인들이 쓰기 좋은 시어들을 모아놓고 그것을 자랑으로 삼았던 것 같다.

욱하는 성질이 있고 약간 우직하지만, 그래서 밉지 않은 토르 신의 모습은 정말로 천둥과 닮은 데가 있다. 그런데도 난쟁이 알비스를 꾀로 물리친 것을 보면 그가 결코 미련한 존재가 아님을 분명히 알 수 있다. 변신술을 지닌 약아빠진 신들 사이에서 토르 신은 그냥 좀 둔해 보이는 것뿐이다. 이런 사실들을 종합하면 게르만 사람들 사이에서 토르 신의 인기가 높았던 이유를 어느 정도 이해할 수 있다. 거대한 몸집을 하고 있지만 그는 반듯한 심성과 뜻밖의 섬세함을 지닌 신이었다.

1권을 마치며

지금까지 우리는 북유럽 신화에 등장하는 세계 공간 몇 개와 주요 등장인물들을 만나보았다. 곧 오딘과 토르와 로키를 알게 되었다. 그리고 그들 못지않게 중요한 프라야 여신도 몇 번 만났다. 신들 말고 여러 거인과 난쟁이도 보았다. 신과 거인과 난쟁이들이 사는 고유한 공간들도 어느 정도 구경한 셈이다. 난쟁이 대장장이의 작업 공간도 구경하였고, 부자 난쟁이 안드바리가 사는 폭포도 구경하였다.

이 신화 공간에서 인간은 아직 분명한 모습을 드러내지 않는다. 다만 용을 죽인 영웅 지구르트와 덴마크의 프로디 왕이 잠깐 등장할 뿐이다. 그들은 보통의 인간이 아니고 신의 혈통이 섞인 비범한 인간, 곧 영웅이다.

1권에서 우리는 북유럽 신화의 분명한 시간 및 공간 구조, 여러 등장인물을 보았고, 보물이 그들의 운명을 가로지르면서 서로를 연결해 주는 기능을 하는 것을 보았다. 여기 덧붙여 숫자의 상징과 기능도 전체적으로 관찰할 수 있었다. 북유럽 신화에서는 2의 배수와 3의 배수가 중요한 역할을 한다. 2는 상징으로서의 중요성을 갖고, 3은 이야기 구조에서 핵심을 이룬다. 예를 들어 오딘의 상징물들(까마귀, 늑대, 슬라이프니르)은 2, 또는 2의 배수로 되어 있음을 앞서 이미 이야기하였다.

우리는 이야기 구조에 들어 있는 3의 상징성에는 매우 익숙하다. 수많은 동화에서 그것을 볼 수 있다. 삼 형제 중 막내가 성공하는 이야기, 민간에 널리 알려진 셋째 딸, 그리고 시험이나 시련에서 세 번의 시도 끝에 성공하는 이야기 등은 세계 어느 나라의 동화나 민담에서도 쉽게 찾아볼 수 있다. 어떤 일이든 세 번을 해본다는 것을 극히 자연스럽게 우리의 머릿속에 자리 잡은 생각이다. 3이 거룩한 숫자라는 이야기도 이미 했다.

등장인물, 시간 및 공간, 간략한 숫자로 정리되는 이야기 구조 등이 모든 이야기에서 핵심이 되는 요소이다. 이것만 정확히 알고 잘 활용해도 얼마든지 재미있는 이야기를 새로 만들어낼 수 있다.* 신화는 모든 이야기와 시문학의 원천이다. 가장 단순하게 보이는 것 속에 가장 깊은 뜻이 숨어 있다.

1권에서 우리는 북유럽 신화의 밝고도 명랑한 측면, 곧 삶의 측면을 주로 보았다. 로키의 말썽은 여기서 정말로 심각한 위협은 아니다. 문제는 언제나 해결되고, 보통은 로키 자신이 나서서 일을 마무리 짓는다. 토르는 언제나 고약한 거인들을 때려잡고, 오딘도 진짜 어두운 면

---

* 그 밖에 모티프란 무엇인가, 신화나 동화에서 그것이 어떻게 배치되는가 등에 대해서는 안인희, 《게르만 신화 바그너 히틀러》의 제2부 '신화를 다루기 위하여'를 참조할 것.

을 드러내지는 않는다.

물론 북유럽 신화에는 이와는 전혀 다른 측면도 있다. 곧 죽음과 몰락의 이야기이다. 오딘의 눈 하나는 미미르의 샘 바닥에 놓여 있다. 그 눈은 밤의 세계와 죽음 저편의 세계를 본다. 오딘의 얼굴에 남아 있는 눈 하나는 이승의 삶을 축복하는 밝은 태양과 같은 눈이다. 우리는 밝고 명랑한 삶의 세계, 늘 거인들의 위협을 받지만 언제나 토르 신이 문제없이 그들을 물리치는 세계를 보았다. 햇빛은 밝게 빛나고, 신들은 서로 힘들게도 하지만 그래도 거인들에 맞서 서로를 돕는다.

그러나 머지않아 세계는 이것과는 전혀 다른 얼굴을 드러낼 것이다. 우리는 신들의 세계에 내려진 불길한 예언, 이런 예언을 전하는 죽은 예언자들, 불길한 예언에 맞서는 오딘의 불안한 모습 등을 만나야 한다. 그리고 1권과는 전혀 다른 로키의 모습, 그 밖에 인간과 신들의 세계에 불어닥친 무시무시한 최후의 모습 등도 만나야 한다.

그래야 북유럽 신들의 세계가 지닌 두 얼굴을 다 만나는 것이다. 낮과 삶의 세계만이 아니라, 오딘 신이 일찍부터 바라보고 있던 밤과 죽음의 세계를 만나는 것이다. 우리나라에도 예로부터 전해지던 대로 음양의 세계를 모두 만나는 것이다. 이승의 삶의 밝음 저편, 그림자 속에 들어 있는 어두운 밤과 죽음의 세계가 2권에서 펼쳐질 것이다.

용어 설명

옛날 북유럽 언어가 지닌 각 낱말의 본래 뜻을 괄호 안 원어 표기 다음에 적어놓았다.

| ㄱ |

- **가름(Garm)** | 저승의 입구를 지키는 개이며, 지하의 악령. 저승의 입구인 그욜 강가에 도착한 존재에게 사납게 짖어대며 덤벼든다. 눈이 넷이고, 피투성이 가슴을 한 것으로 생각된다. 펜리스 늑대나 그리스 신화의 케르베로스와 비슷한 존재이다.

- **가이로트(Geirrod, Geirröd)와 아그나르(Agnar)** | 인간 왕의 아들들. 바다에서 길을 잃은 이들 형제를 오딘과 프리크가 구해서 한겨울 동안 키웠다. 뒷날 이들을 두고 오딘과 프리크가 말싸움을 벌인다. 가이로트는 아무것도 모르고 오딘을 함부로 대했다가 제 칼을 밟고 죽는다.

- **가이뢰트(Geirröd, 창 보호)** | 토르 신에게 도전했다가 죽은 거인.

- **강글레리(Gangleri)** | 길피 왕의 다른 이름.

- **게르트(Gerd, Gerda)** | 게르다. 땅의 거인이며 땅의 여신. 거인 기미르와 아우르보다의 딸로, 프라이의 아내가 된다.

- **게프욘(Gefjon, 주다)** | 베푸는 존재. 행운과 풍요를 나타내는 거인이었다가

나중에는 여신이 된다. 뒷날 처녀성의 여신으로서, 처녀로 죽은 여자들을 불러모은다. 셀란 섬의 기원을 설명해준다.

◆ **구드룬(Gudrun)** | 기우키와 그림힐트의 딸. 군나르, 회그니, 구토름의 누이. 지구르트의 아내.

◆ **구토름(Gutthorm)** | 군나르, 회그니, 구드룬의 아버지 다른 형제. 지구르트를 죽인다.

◆ **군나르(Gunnar)** | 기우키와 그림힐트의 아들. 구드룬과 구토름의 형.

◆ **군뢰트(Gunnlöd, 싸움을 청함)** | 거인 주퉁의 딸. 시인들의 꿀술을 지킨다. 오딘이 그녀를 유혹한 다음 꿀술을 모조리 마시고 도망친다.

◆ **굴바이크(Gullweig, Gullveig, 황금열망)** | 굴베이그. 예언자이며 마법을 잘 아는 여자 마법사. 보물을 수호하는 여신이자 황금에 대한 열망을 의인화한 것이다. 때론 프라야의 모습과 뒤섞이기도 한다.

◆ **굴보르스테(Gullborste, 황금 돼지)** | 프라이가 타고 다니는 황금 수퇘지. 털이 모두 황금으로 되어 있어 밤에도 주변을 환히 밝힌다.

◆ **궁니르(Gungnir)** | 오딘 신의 창으로, 신의 상징물 중 하나. 난쟁이 대장장이인 이발디의 아들들이 만들었다.

◆ **그니타 황야(Gnitaheide)** | 파프니르가 용으로 변신하여 보물을 지키는 곳. 지구르트가 레긴의 안내를 받아 이곳으로 찾아가 용을 죽이고 보물을 차지하게 된다.

◆ **그라니(Grani)** | 지구르트의 말. 히얄프레크 왕에게서 받은 것이다.

◆ **그람(Gram)** | 지구르트의 칼. 그를 기른 레긴이 만들어준 칼이다.

◆ **그로아(Groa)** | 《옛 에다》 13번 〈그로아가 무덤에서 깨어나다〉에 나오는 여자 예언자. 용사들을 보호하는 온갖 주문과 마법의 힘을 지녔다. 베르

제르커 용사인 아들 스빕다크르에게 마법의 주문을 걸어준다. 또 토르 신이 거인 흐룽니와 싸우다가 이마에 커다란 숫돌 조각이 박혀 괴로워 할 때 그를 도와준다.

- **그로티(Grotti)** | 산악거인의 딸인 페냐와 메냐가 돌리는 마법의 맷돌. 이 맷돌을 돌리면 주인이 원하는 것을 무엇이든 만들어낼 수 있다.

- **그리트르(Gridr)** | 서리거인. 오딘과의 사이에 아들 비다르를 두었다. 로키가 토르를 꾀어 무기도 없이 가이뢰트의 성으로 갈 때, 토르에게 자신의 장비를 빌려주고 위험을 경고해준다.

- **그림니르(Grimnir, 가면 쓴 사람)** | 오딘을 가리키는 이름의 하나.

- **그림힐트(Grimhild)** | 기우키의 아내이며, 구드룬, 군나르, 회그니, 구토름의 어머니. 마법의 음료를 이용하여 지구르트가 사랑하는 브륀힐트를 잊게 한다. 지구르트가 죽은 다음에는 딸 구드룬을 억지로 아틀리 왕과 혼인시킨다.

- **그욜(Gjöll, 소음)** | ① 죽은 자들의 나라인 헬의 가장자리에 있는 저승의 강. 이곳에서 가름이 새로 도착하는 자들을 기다린다. 황금으로 된 그얄라르 다리가 놓여 있으며, 거인 여인 모트구트도 이곳을 지킨다. ② 신들이 펜리스 늑대를 묶어놓은 돌덩이의 이름.

- **글라이프니르(Gleipnir, 열린 것)** | 난쟁이들이 고양이 발소리, 여인의 수염, 산의 뿌리, 곰의 인대, 물고기 숨결, 새의 침 등을 이용하여 만든 끈. 펜리스 늑대를 묶은 끈으로, 실처럼 가늘지만 아무도 끊을 수가 없다.

- **기눙가가프(Ginnungagap, 빈 공간, 아가리)** | 태초의 빈 공간. 거대한 심연 또는 빈 아가리. 이곳의 남쪽에 불의 나라 무스펠하임, 북쪽에 서리의 나라 니플하임이 있다.

* **기미르(Gymir, 바다)** | 바다거인이며 동시에 대지의 신. 아우르보다의 남편이며 게르트와 벨리의 아버지이다. 이따금 바다거인 에기르와 동일한 존재가 된다.

* **길피(Gylfi, 바다, 파도)** | 스웨덴의 왕. 《스노리 에다》의 제1부 〈길피 왕이 헛것을 보다〉에 나오는 왕이다. 게프욘 여신이 그에게서 얻은 땅으로 덴마크에 셀란 섬을 만들어준다.

| ㄴ |

* **나글파리(Naglfari, Naglfar, 손톱 발톱 배)** | 나글파르. 죽은 자들의 배. 세상에서 가장 큰 배. 라그나뢰크가 시작될 때 무스펠의 아들들이 이 배를 타고 무스펠하임에서 아스가르트로 온다. 나글파리가 만들어지는 것을 피하기 위해서는 죽은 시신의 손톱 발톱을 잘 깎아주어야 한다.

* **난나(Nanna, 어머니)** | 어머니 여신. 발더의 아내이며 포르세티(Forseti)의 어머니. 남편의 죽음을 슬퍼하다가 남편을 따라 죽는다. 그녀의 시신은 발더와 나란히 배에 실려 화장된다.

* **네르투스(Nerthus)** | 땅과 풍요의 여신. 뇨르트의 누이이며 아내이다. 라틴 이름만 남았다.

* **노르네 여신들(Nornen)** | 운명의 여신들이며 탄생을 돕는 여신들. 인간과 신의 운명의 실을 잣는다. 세 자매인 이들은 우르트(Urd), 베르단디(Werdandi), 스쿨트(Skuld)이다. 이그드라실 아래에 있는 우르트 샘가에 산다.

* **노트(Nott, 밤)** | 거인 여인. 흐림팍시(서리갈기)라는 말을 타고 하늘을 날다

아침이 되면 땅으로 돌아온다. 말이 거품을 땅에 떨어뜨리면 새벽이슬이 되고, 그러면 아들 다그가 길을 떠난다.

- **뇨르트(Njörd, Njördr)** | 바람과 바다의 신. 불과 풍요의 신. 뱃사람과 어부 들의 수호신. 본래 바네 신으로, 누이 네르투스 여신의 남편이자 프라이와 프라야의 아버지이다. 나중에 스카디와 결혼한다.

- **니트회크르(Nidhöggr, 미움으로 가득 차서 때리는 자)** | 죽은 자들의 피를 마시고, 흐베르겔미르 샘에서 시신을 먹는 용. 이그드라실 뿌리 아래 살면서 그 뿌리를 갉아먹는 용으로, 사악함의 원천이다. 라그나뢰크를 무사히 넘기고 그 이후의 새 세계에서도 계속 살아남는다고 한다.

- **니플룽(Niflung), 니플룽겐(Niflungen)** | 니벨룽겐(Nibelungen)의 북유럽 표기. 기우쿵겐 또는 기우키의 아들과 딸 들이라고도 불린다.

- **니플하임(Niflheim, 안개의 세계)** | 안개, 얼음, 어둠, 추위의 세계. 기눙가가프의 북쪽에 자리 잡은 이곳이 무스펠하임보다 먼저 생겨났다. 헬의 나라가 이곳에 있으며, 기독교가 자리 잡은 뒤로 지옥의 표상과 결합되었다.

| ㄷ |

- **다그(Dag, 낮)** | 노트의 아들. 오딘에게서 말과 마차를 받아 하늘을 여행한다. 그의 말 스킨팍시(빛의 갈기)는 하늘을 나는 동안 갈기에서 빛이 난다.

- **디제 여신들(die Disen, 여자들)** | 풍요와 운명과 탄생을 돕는 여신들을 가리키는 복수형 명칭. 발퀴레와 노르네가 디제 여신들에 속한다. 프라야는 '바네 신들의 디제 여신'이라 불린다.

| ㄹ |

- **라그나뢰크(Ragnarökr)** | 라그나뢰크르. 도이치 말로는 보통 '신들의 황혼(Götterdämmerung)'이라 번역된다. 널리 쓰이는 낱말 '라그나뢰크(Ragnarök)'는 '신들의 운명'이라는 뜻으로, 실은 '라그나뢰크르'가 더욱 정확한 말이다. 다만 라그나뢰크가 너무 널리 알려져 있어 여기서는 그대로 사용하였다.

- **란(Ran)** | 바다거인 에기르의 아내이고 아홉 파도의 어머니. 커다란 그물로 뱃사람들을 사냥하고, 아제 신들을 좋아하지 않는다.

- **레긴(Regin, 강력한 자)** | 기술이 훌륭하지만 사악한 난쟁이. 흐라이트마르의 아들이며 용이 된 거인 파프니르의 동생. 지구르트를 맡아 기른다. 지구르트에게 명검 그람을 만들어주고, 자신의 형 파프니르를 죽이라고 사주한다.

- **로키(Loki, 활활 타오르는 불길)** | 불의 신. 모든 것을 삼키는 불이 신격화된 존재로, 몹시 변덕스럽고 이중적인 특성을 가졌다. 매, 암말, 연어 등 여러 모습으로 변신이 가능하다. 거인 파르바우티(Farbauti)와 아제 여신 라우파이야(Laufeyja, Laufey) 또는 날(Nal) 사이에서 태어난 아들로, 아내는 지긴 여신이다. 거인 여인 앙그르보다(두려움을 만드는 여인)와의 사이에 늑대 펜리스, 미트가르트 뱀, 헬을 자식으로 두었다.

- **루네 문자(Runen)** | 1세기부터 8세기 무렵까지 쓰인 게르만 문자로서, 문자와 상징 기호가 혼합되어 있다. 5세기에 하나의 통합된 루네 문자가 만들어졌다. 24개의 알파벳으로 이루어졌으며, 이들 루네 문자 하나하나는 각각의 이름과 마법의 뜻을 갖는다.

- **리크르(Rigr, 왕)** | 인간의 세 계급인 노예, 농부, 귀족의 조상이 되는 신. 보

통 하임달 신으로 여겨지지만, 이따금 오딘의 이름으로 생각되는 수도 있다.

◆ **린트(Rind)** | 땅과 풍요의 여신. 오딘과의 사이에 복수의 신 발리를 아들로 두었다.

| ㅁ |

◆ **마그니(Magni, 강한 자)와 모디(Modi, 분노한 자)** | 토르 신의 아들이며 동시에 토르 신의 강함과 분노를 상징하는 존재. 토르와 거인 여인 야른작사 사이에서 태어났다. 라그나뢰크가 지난 다음 그들은 새로운 세계로 돌아와 아버지의 망치 몰니르를 물려받는다.

◆ **멘글라다(Menglada, 장신구를 보고 좋아하는 여자)** | '태양처럼 빛나는' 여인. 히피아 산(Hyfiaberg) 꼭대기에 산다. 브륀힐트처럼 불꽃으로 둘러싸인 산꼭대기의 요새에 산다. 불꽃을 뛰어넘어 이 요새로 들어오는 베르제르커 용사 스빕다크르만이 남편이 될 수 있다는 우르트 여신의 예언에 따라 신랑을 기다리면서 병든 사람들을 치료한다. 치료와 위안의 여신이다.

◆ **몰니르(Mjöllnir)** | 토르의 망치. 언제나 목표물을 맞히고 나서는 던진 사람의 손으로 돌아온다. 난쟁이 진드리와 브로크가 만든 것으로 게르만 사람들의 상징이다. 30년 전쟁 시대(1618~1648년)의 새로운 게르만 신앙 연합은 토르의 망치에서 '함머분트(Hammerbund, 망치 연합)'라는 이름을 얻었다.

◆ **무스펠하임(Muspelheim, 무스펠의 세계)** | 불의 공간. 창조 이전의 밝음과 불의 공간으로, 기눙가가프 남쪽에 있다.

- **뮈징르(Mysingr)** | 바이킹 왕의 한 사람. 메냐와 페냐가 그로티 노래를 부르던 밤에 그들에게 불려나와 프로디 왕을 죽이고 평화의 시대를 끝낸다.
- **미미르(Mimir, 기억하는 자, 지혜로운 자) 또는 미메(Mime)** | 대단한 지혜를 가진 거인. 이그드라실의 뿌리가 닿아 있는 세 개의 샘 중 두 번째인 미미르의 샘을 지킨다. 나중에는 머리만 남는다.
- **미미르의 샘** | 지혜의 샘.
- **미트가르트(Midgard)** | 중간계, 곧 지상의 세계. 인간들이 사는 곳이다.
- **미트가르트 뱀(Midgardsomr) 또는 요르문간트르(Jörmungandr)** | 세계바다에 머물며 미트가르트 세계를 한 바퀴 감싸고 제 꼬리를 입에 물고 있는 뱀. 로키와 거인 여인 앙그르보다 사이에서 태어난 아들이다. 기독교가 들어온 다음 유대인들이 생각한 바다 괴물 리바이어던과 동일시되기도 하였다.

| ㅂ |

- **바네 신들(Wanen, Vanen, Vanir, 빛나는 존재들)** | 바니르. 아제보다 더 오래되고 규모가 작다. 풍요의 신으로, 농부와 어부와 뱃사람 들을 수호한다. 바나하임(Vanaheimr, Wanaheim)에 살며 마법을 이해하고 있다. 아제 신들과 달리 오누이끼리 결혼한다. 아제 신들과 싸우다 평화조약을 맺고 프라이, 프라야, 뇨르트를 볼모로 내준다.
- **바리(Barri, 옥수수 들판, 배꼽 숲)** | 프라이와 게르트가 결혼식을 올렸다는 신화의 장소.
- **발더(Balder, Baldr, 왕, 주인)** | 발트르. 빛의 신. 순수함과 아름다움과 정의의 신이고 봄의 신으로, 죽었다가 부활한다. 오딘과 프리크의 아들이며,

회두르와 헤르모트르의 형이다. 아내 난나와의 사이에 아들 포르세티를 두었다. 라그나뢰크 이후에 발더와 회두르는 헬의 세계를 떠나 새로운 세계로 돌아온다.

◆ **발라(Wala, Völva)** | 뵐바. 먼 미래를 볼 수 있는 여자 예언자. 보통 오래전에 죽은 존재이다. 상징물은 마법 지팡이이며, 동물 털로 된 옷을 입고 마법의 주문을 왼다. 죽은 자들의 세계로 찾아온 오딘에게 아제 신들의 미래를 알려준다.

◆ **발리(Wali, Vali)** | 복수의 신. 오딘과 린트 사이에서 태어난 아들. 태어난 지 하루 만에 발더를 죽게 한 회두르를 살해한다.

◆ **발퀴레 여신들(Walküren, 죽은 자들을 선별하는 여인)** | 원래는 자연의 정령. 뒷날에는 번쩍이는 갑옷을 입고 사나운 말을 타고 공중을 날아다니는 처녀 전사들을 가리킨다. 오딘의 명을 받고 지상의 싸움에 개입하여 전쟁터에서 죽은 영웅들을 발할로 데려온다. 발퀴레 중 이름이 알려진 여신으로는 볼켄트루트(Wolkentrut, 구름의 힘)와 미스트(Mist, 안개)가 있다. 비그너의 〈니벨룽의 반지〉 중 두 번째 작품인 〈발퀴레〉를 통해 널리 알려졌다.

◆ **발할(Walhal, 죽은 용사들의 집)** | 아스가르트에 있는 오딘의 궁전. 벽이 황금으로 덮여 있다. 540개의 문을 통해 각기 800명의 전사들이 드나들 수 있다.

◆ **베(We, Ve)** | 뵈르와 베스틀라의 아들. 다른 이름은 로두르. 형제인 오딘, 빌리와 함께 최초의 인간을 만들고, 그들에게 언어와 시각과 청각을 준다.

◆ **베르겔미르(Bergelmir, 산에서 포효하는 자)** | 물의 거인이자 거인들의 조상. 오딘이 태초거인 이미르를 죽이자 그 몸에서 나온 피가 바다를 이룬다. 그때 모든 거인이 그곳에 빠져 죽는데, 베르겔미르와 그 아내만은 배에 올라

247

타 죽지 않고 살아남아 거인들의 조상이 된다.

- **베르제르커(Berserker, 곰 가죽)** | '곰 가죽을 둘러쓴' 용사들. 오딘 신을 절대적으로 따르는 난폭한 전사들이다. 이들은 동물의 힘과 몸짓을 획득하여, 망아(忘我)의 상태에서 완전히 지쳐 널브러질 때까지 싸움을 계속한다. 오늘날에는 '분노한 전사'를 뜻하며, '베르제르커의 분노'라고 하면 광적으로 파괴하는 폭발적인 힘을 가리킨다.

- **베스틀라(Bestla)** | 태초의 거인 여인. 신들의 어머니. 뵈르와 결혼하여 오딘, 빌리, 베 등 삼 형제를 낳는다.

- **벡탐(Wegtam, 여행에 익숙한 사람)** | 오딘의 가짜 이름. 죽은 여자 예언자 발라를 찾아갔을 때 그는 이 이름을 댄다.

- **뵈르(Bör, 아들)** | 부리의 아들. 베스틀라와 결혼하여 오딘, 빌리, 베 등 삼 형제를 낳는다.

- **부리(Buri, 아버지)** | 태초암소 아우둠라가 핥은 소금돌에서 생겨난 남자. 아제 신들의 조상. 남자이며 동시에 여자로, 혼자서 아들 뵈르를 낳는다.

- **브라기(Bragi)** | ① 문학과 시의 신으로, 이둔 여신의 남편으로 여겨진다. 발할에 죽은 전사들이 들어오면 헤르모트르와 함께 그들을 환영한다. 또한 음유시인들을 수호하는 신으로서, 북유럽과 도이치 시인들은 그를 찬양하는 송가들을 남겼다. ② 노르웨이의 가장 오래된 시인(스칼데). 9세기에 살았을 것으로 생각된다. 스노리는 그의 시편들을 전해준다.

- **브륀힐트(Brynhild, Hild)** | 힐트. 아틀리의 누이. 발퀴레. 매우 강력하고 싸움을 좋아한다. 너무 많은 전사를 죽여서 그 벌로 오딘이 긴 잠에 빠뜨린다. 그녀가 잠든 장소를 둘러싸고 불길이 피어오른다. 말을 타고 이 불길을 뛰어넘을 수 있는 남자만이 그녀에게 구혼할 수 있다. 지구르트는

군나르를 위해 이 불길을 뛰어넘어 그녀에게 구혼한다. 결혼 후 그녀는 구혼할 때의 속임수를 알아내고 남편의 형제들을 부추겨 지구르트를 죽게 한 뒤 자결한다.

- **브리징가멘(Brisingamen, 목의 장신구)** | 프라야 여신의 목걸이. 네 명의 난쟁이인 알프리크, 드발린, 그레르, 베를링거가 만들었다.

- **비다르(Widar, 멀리서 다스리는 자)** | 오딘과 서리거인 그리트르의 아들. 조용하고 평화로운 비디라는 곳에서 홀로 살았다. 신들과 거인들의 최후의 전쟁인 라그나뢰크에서 펜리스 늑대가 아버지 오딘을 삼키자 늑대를 둘로 찢어 죽인다.

- **비프뢰스트(Bifröst, Bifrost, 흔들리는 하늘길)** | 비프로스트. 무지개 또는 하늘로 통하는 다리. 중간계에서 신들의 세계인 아스가르트로 들어가는 길이며, 신들만 말을 타고 이 길을 통과한다.

- **빌리(Wili, Vili)** | 뵈르와 베스틀라의 아들. 회니라는 이름으로 더 자주 등장한다. 오딘, 베와 더불어 최초의 인간을 만들고, 그들에게 이성과 움직임을 준다.

| ㅅ |

- **쇠를리(Sörli)** | 함디르의 형제.

- **슈반힐트(Schwanhild, Swanhild)** | 스반힐트. 구드룬과 지구르트의 딸. 요나쿠어 왕의 궁전에서 양육되었다. 요르문레크 왕과 결혼했다가 왕의 손에 죽는다.

- **스빕다크르(Swipdagr, 갑자기 밝아오는 낮)** | 베르제르커 용사이자, 멘글라다의 운

명적인 애인. 《옛 에다》 14번 〈퓰스비트의 노래〉에 나오는 나그네 빈트칼트의 진짜 이름이다.

- **스카디(Skadi)** | 거인 트야치의 딸. 산악 여신이며 사냥꾼과 스키어 들을 수호하는 여신. 바다의 신 뇨르트의 둘째 아내가 된다. 그래서 이따금 프라이와 프라야의 어머니로도 여겨진다. 뒤에는 울의 아내가 된다. '스칸디나비아'는 이 여신의 이름에서 유래한 것으로 여겨진다.

- **스푈(Sköll, 비웃음)** | 라그나뢰크가 되면 태양을 잡아 삼키는 늑대.

- **스크리미르(Skrymir, 떠드는 놈)** | 거인이며 토르 신의 적. 토르는 우트가르트로 가는 길에 그를 만나 세 번이나 망치로 때려죽이려고 했지만 속아서 실패하고는 그의 장갑 속에서 밤을 보낸다. 그러나 스크리미르는 나중에 토르가 자기보다 훨씬 더 강하다는 것을 인정한다.

- **스키르니르(Skirnir)** | 프라이의 친구이자 하인. 프라이를 위해 게르트에게 구혼한다.

- **스키트블라트니르(Skidbladnir, 배)** | 프라이 신의 배. 난쟁이 이발디의 아들들이 만들었다. 죽은 자들의 배인 나글파리보다는 작지만 이제 신들이 모두 탈 수 있을 만큼 크다. 항해가 끝나면 손수건처럼 접어서 호주머니에 집어넣을 수 있다.

- **슬라이프니르(Sleipnir, 미끄러지듯 가는 자)** | 다리가 여덟 개인 잿빛 말. 오딘의 말이며, 세계에서 가장 빠르다. 로키가 암말이 되어 스바딜파리와의 사이에서 낳았다.

| ㅇ |

- **아스가르트(Asgard)** | 아제 신들이 사는 곳으로 하늘의 영역. 가운데에는 신들의 모임을 위한 거대한 홀이 있고, 신들의 자리 열두 개가 있다. 미트가르트와 요툰하임보다 위에 있다.

- **아스크르(Askr, 물푸레나무)와 엠블라(Embla, 느릅나무)** | 오딘과 빌리와 베가 태초에 두 그루 나무로 만든 최초의 인간 남자와 여자.

- **아우둠라(Audhumla, 우유의 나라) 또는 아우둠블라** | 태초암소.

- **아인헤리(Einheri, Einherier, 홀로 싸우는 자)** | 전쟁터에서 용감하게 싸우다 전사하여, 발퀴레의 안내를 받아 발할로 들어가는 영웅들. 실은 그들의 혼령이다.

- **아제 신들(Asen, Aisir, 기둥)** | 에시르. 대부분 전투적인 신들의 일족. 바네 신들에 비해 숫자도 많고 더 나중에 나타난다. 중요한 신으로는 오딘, 토르, 발더, 프리크, 난나 등이 있다. 이들은 이둔 여신의 사과를 먹고 젊음을 유지한다. 바네 신들과 싸운 다음 평화를 약속하고 회니와 미미르를 볼모로 내준다.

- **아틀리(Atli, Attila, 두려운 자)** | 아틸라. 남부 지역에서는 에첼(Etzel)이라 불렸다. 부들리의 아들이고 브륀힐트의 오빠. 보물이 탐나서 구드룬과 혼인하고 그 오빠들을 자신의 궁전에 초대하여 모조리 죽인다. 보물을 차지하지는 못한다.

- **안드바리(Andwari, Andvari, 조심스런 자)** | 로키에게 잡혀서 몸값으로 황금을 내놓고 풀려난 난쟁이. 그가 내준 보물 중 절대반지가 있는데, 이 반지에 저주를 건다. 이 반지는 니플룽겐 이야기에서 중요한 역할을 한다.

- **알비스(Alwis, 모든 것을 아는 자)** | 토르 앞에서 박식함을 자랑하다 햇빛을 받고

251

돌로 변한 난쟁이.

◆ **알프(Alb, Alfr, Elf)** | 알프르, 엘프. 절반은 신이고 절반은 데몬인 종족. 안개 종족 또는 꿈의 종족으로, 이따금 잠자는 사람의 가슴 위에 올라앉아 가위눌리게 하거나 나쁜 꿈을 꾸게 한다. 빛의 알프는 알프하임에 살고, 어둠의 알프 또는 검은 알프는 땅 밑에 산다.

◆ **야른작사(Jarnsaxa, 얼음 칼)** | 바다거인 에기르와 란 사이에서 태어난 딸들인 '아홉 파도' 중 하나. 아홉 파도는 오딘과의 사이에서 하임달 신을 낳는다. 야른작사는 다시 토르의 애인이 되어 힘이 장사인 마그니와 모디를 낳는다.

◆ **야를(Jarl)** | 귀족. 리크르가 사랑한 아들.

◆ **에기르(Ägir)** | 바다거인. 형제로는 바람과 불이 있으며, 아홉 명의 딸 모두가 파도이다. 에기르는 아스가르트 신들을 위해 일 년에 한 번씩 성대한 잔치를 베푼다.

◆ **에르프(Erp)** | ① 구드룬이 아틀리와 재혼해서 생겨난 아들. 구드룬은 니플룽겐 종족이 몰락한 것에 복수하기 위해 에르프와 또 다른 아들 아이틸을 죽인 후 그들의 두개골로 만든 술잔에 술을 부어 아틀리에게 마시게 하고, 또 그들의 심장을 요리하여 아틀리에게 먹게 한다. ② 구드룬이 세 번째로 요나쿠어 왕과 결혼해서 얻은 아들. 요르문레크에게 복수하러 가는 길에 형들인 쇠를리와 함디르 손에 죽고 만다.

◆ **엘리바가르(Eliwagar, 번개비)** | 세계를 둘러싼 태초바다. 엘리바가르의 열한 개 물줄기가 무스펠하임의 열기와 합쳐져서 태초거인 이미르가 생겨난다.

◆ **엘(Äl) 술** | 일종의 맥주.

◆ **오딘(Odin, Wodan, Wuotan, Wotan, 분노한 자)** | 보단, 보탄. 원래는 바람의 신. 북

유럽에서 최고의 신으로 숭배되던 티르를 혁명적으로 밀어내고 최고신의 자리를 차지한다. 지혜의 신이며, 전쟁터에서의 명예로운 죽음을 결정하고, 마법에 능하다.

◆ **오타르(Ottar)** | 프라야 여신의 애인. 프라야 여신에게 신전을 지어주고 넉넉한 제물을 바쳐서 총애를 얻는다. 프라야 여신은 그를 수퇘지로 만들어서 아스가르트에 살게 하고 그를 타고 다니기도 한다.

◆ **요나쿠어(Jonakur)** | 구드룬과 혼인한 왕. 구드룬의 세 번째 남편. 그녀와의 사이에 세 아들 쇠를리, 함디르, 에르프가 있다.

◆ **요르문레크(Jörmunrek)** | 부자 왕. 지구르트와 구드룬 사이에서 태어난 딸 슈반힐트와 혼인한다. 그러나 구혼사절로 보낸 아들 란트버와 슈반힐트 사이에 애정이 싹튼 것을 보고 그들을 죽인다. 이 사실을 안 구드룬이 복수를 위해 세 아들을 보낸다.

◆ **요툰하임(Jotunheim, Jötunheim)** | 거인들이 사는 곳.

◆ **우르트의 샘** | 운명의 샘. 이그드라실의 첫 번째 뿌리가 닿은 샘으로 아스가르트에 있다. 신들은 이 샘가에서 중요한 회의를 한다. 이 샘에는 세 명의 노르네 여신이 살면서 신과 인간의 운명의 실을 잣는다.

◆ **우트가르트(Utgard)** | 요툰하임에 있는 거인들의 성채.

◆ **울(Ull, Uller)** | 울러. 지프 여신의 아들. 스케이트와 스키 타는 사람을 보호하는 신.

◆ **이그드라실(Yggdrasil, 이그(오딘)의 말[馬], 또는 두려움을 만들어내는 산)** | 세계나무. 아홉 세계 모두와 연결되어 있는 거대한 나무로, 미트가르트 한가운데서 자란다. 세 개의 샘, 곧 아스가르트에 있는 우르트의 샘(운명의 샘), 요툰하임에 있는 미미르의 샘(지혜의 샘), 북쪽 니플하임에 있는 흐베르겔미르

253

의 샘(질투의 샘)에서 힘을 얻는다. 운명의 나무이기도 하다. 이들 세계가 존재하는 한 언제나 녹색으로 생생하게 살아 있지만, 나무가 떨리면 라그나뢰크가 시작된다.

◆ **이둔(Idun, 새로워진, 또는 젊음을 되찾은 여인)** | 풍요의 여신. 아제 신들은 이둔의 황금 사과를 먹고 라그나뢰크가 시작될 때까지 영원한 젊음을 누린다.

◆ **이미르(Ymir)** | 태초의 생명체. 아직 분화되기 이전의 거대한 자연력. 기눙가가프에서 추위와 더위가 만나 얼음이 녹으며 생겨난 태초거인이다. 태초암소의 젖을 먹고 산다.

| ㅈ |

◆ **주르트르(Surtr, 암흑의 존재)** | 불의 거인이며 신들의 적. 모든 것을 삼키는 불을 의인화한 것으로, 불의 나라 무스펠하임의 파수꾼이다.

◆ **주퉁(Suttung, 음료를 가득 채워 무거운)** | 난쟁이들에게서 시인의 꿀술을 빼앗은 거인. 그의 딸 군뢰트가 꿀술을 지켰지만 오딘 신이 그녀를 홀리고 꿀술을 되찾아간다.

◆ **지구르트(Sigurd)** | 뵐중 가문 출신 지그문트와 히요르디스 사이의 아들. '젊은 뵐중'이라 불리기도 한다. 난쟁이 대장장이 레긴이 양육을 하고 명검 그람을 만들어준다. 레긴의 부추김으로 용 파프니르를 죽이고 안드바리의 보물을 차지한다. 원래 브륀힐트가 그에게 정해진 짝이었는데, 그림힐트의 마법 음료로 인해 군나르의 모습을 하고는 브륀힐트에게 구혼한다. 그리고 자신은 군나르의 누이 구드룬과 결혼한다. 뒷날 속임수를 알아챈 브륀힐트의 부추김을 받고 군나르의 의붓동생 구토름이 지구르트

를 죽인다.

- **지그문트(Sigmund)** | ① 뵐중의 아들. 두 번째 아내 히요르디스와의 사이에서 아들 지구르트를 얻고, 그는 곧 전사한다. ② 지구르트와 구드룬의 아들.

- **지긴(Sigyn, 승리, 여자 친구)** | 로키의 아내. 발더를 죽인 로키가 바위에 묶여 얼굴에 독뱀의 독이 떨어지는 형벌을 받을 때, 지긴이 사발에 독을 받아서 버린다.

- **지프(Sif, Siv, 아무개의 아내, 인척 여인)** | 식물의 신이고 울의 어머니. 뒷날 토르의 아내가 되어 딸 트루트를 낳는다. 토르가 집을 비웠을 때 그녀를 범한 로키가 이를 자랑하고 다닌다.

| ㅋ |

- **카를(Karl)** | 인간. 농부. 리크르 신이 만든 계급.

- **크바지르(Kwasir, Kvasir)** | 지혜로운 난쟁이이며 동시에 의인화된 발효 음료. 신들의 침을 모아 만든 존재로, 모든 질문에 답할 줄 아는 지혜로운 입을 가진 현인이다. 난쟁이들은 그를 죽인 다음 그 피와 술을 섞어 시인의 꿀술을 빚는다.

| ㅌ |

- **토르(Thor) 또는 도나르(Donar, 천둥)** | 천둥과 폭풍과 풍요의 신. 농업의 신. 인간의 삶을 힘들게 하는 사나운 거인에 맞서 인간을 보호하는 수호신이다. 토르는 강력하고 파괴적인 자연의 힘을 상징하는 거인들을 제압하

255

지만, 그 역시 자연의 힘이다. 그러나 거인들과 달리 인간의 삶에 도움이 되는 질서를 따른다.

- **투르 거인들(Thurs, 거인)** | 인간, 그 중 여자들의 몸과 정신을 해치고 그들에게 병을 가져오는 악마적 거인들. 트림이 지배자이고, 우트가르트-로키와 무스펠도 여기에 속한다. 이들은 이미르의 피에 빠져 죽지 않고 살아남은 베르겔미르의 후손이다.

- **트림(Thrym, Thrymr, 시끄러운 소리)** | 투르 거인들의 왕. 토르 신의 망치 묠니르를 훔쳤다가 그에게 맞아 죽는다.

- **트야치(Thjazi, Thiassi)** | 트야시. 트림하임에 사는 산악거인. 아발디(Awaldi)의 아들이며 스카디 여신의 아버지이다. 독수리의 모습을 하고 나타난다. 이둔 여신을 납치한 탓으로 토르 신의 망치에 맞아 죽는다. 그의 두 눈은 작은곰자리의 별이 된다.

- **트얄피(Thjalfi)** | 가장 빨리 달리는 사내. 오로지 후기(Hugi, 생각)만 그보다 더 빨리 달릴 수 있다. 토르를 따라다니는 트얄피는 원래 고틀란드 섬에서 불과 빛을 가져다준 신으로 숭배되었다.

- **티르(Tyr, 빛나는 자) 또는 티우츠(Tiuz), 티바츠(Tiwaz), 치우(Ziu)** | 하늘의 신이며 전쟁의 신. 민회에서 옳은 편을 수호하는 법의 신. 원래 게르만족의 최고신이었다가 오딘에게 그 자리를 내준다. 그의 창은 무기이면서 정의의 상징이다. 원래 거인 히미르의 아들이었으며, 늑대 펜리스에게 오른손을 뜯겨 외팔이가 된다. 화요일(Tirsdag, 티르의 날)은 그의 이름에서 따온 것이다. '도이치(deutsch, 옛날 도이치어로는 diutisc)'라는 말도 티우츠와 비슷하다.

| ㅍ |

◆ **파프니르(Fafnir, 끌어안는 자)** | 파프너. 흐라이트마르의 아들이며 레긴의 형. 아버지를 죽이고 안드바리의 보물을 혼자서 차지한다. 용으로 변신하여 보물을 지키다가 지구르트의 손에 죽는다.

◆ **페냐(Fenja)와 메냐(Menja)** | 마법 맷돌 그로티를 돌리며 '그로티 노래'를 부르는 거인 여인. 프로디 왕의 하녀로 일한다. 맷돌을 돌려 그의 왕국을 위해 행운을 만들어내다 뒷날 그의 몰락을 불러들인다.

◆ **펜리스(Fenris) 늑대 또는 펜리르(Fenrir)** | 로키의 아들로 거대한 늑대의 모습을 한 악마. 미트가르트 뱀과 헬의 형제. 라그나뢰크의 시기에 끈을 풀고 나타나 오딘과 격투 끝에 그를 잡아먹는다. 오딘의 아들 비다르 신에 의해 둘로 찢겨 죽는다.

◆ **폴크방(Folkwang, Sessrumnir, 민중의 들판)** | 세스룸니르. 아스가르트에 있는 프라야의 궁전. 죽은 용사들인 아인헤리 중 프라야 여신에게 할당된 이들이 여기에 머문다.

◆ **프라야(Freyja, 여자, 여주인)** | 풍요와 봄의 여신. 행운과 사랑의 여신이기도 하다. 뇨르트와 네르투스의 딸이며 프라이의 쌍둥이 누이이다. 아제 신들에게 마법을 가르치고, 이따금 오딘의 아내 노릇도 한다. 그녀의 탈것은 돼지 힐디스빈(Hildiswin)이고, 상징물은 목걸이 브리징가멘과 매로 변신시켜 주는 옷이다. 스웨덴과 노르웨이에는 그녀의 이름을 딴 장소가 많다. 이따금 프리크와 섞이거나, 젊음의 사과를 간직하는 이둔 여신과 섞인다. 금요일은 그녀의 이름을 따른 것이다.

◆ **프라이(Frey, Freyr, 주인)** | 풍요와 식물의 신이며, 추수와 안락의 신. 바네 신들의 최고신이며, 스웨덴 왕가의 조상신이다. 뇨르트와 네르투스의 아

들이며, 프라야의 오빠이다. 뒷날 거인 여인 게르트와 결혼한다. 접었다 폈다 할 수 있는 배 스키트블라트니르, 타고 다닐 수 있는 황금 돼지 굴보르스테의 주인이다. 역시 금요일의 신이다.

- **프레키(Freki, 탐식하는 자)와 게리(Geri, 욕심 많은 자)** | 언제나 오딘을 따라다니는 늑대. 결코 포기하지 않고, 무엇이든 알고, 모든 것을 차지하려고 하는 오딘의 특성을 나타낸다.

- **프로디(Frodi)** | 전설적인 덴마크의 왕. 프로디의 평화로 유명하다. 그것은 페냐와 메냐가 마법 맷돌 그로티를 돌려서 얻은 것이라고 한다. 나중에 페냐와 메냐가 맷돌에서 불러낸 바이킹 왕 뮈징르의 손에 죽고 모든 것을 뺏긴다.

- **프리크(Frigg, 여자, 아내, 애인) 또는 프리가(Frigga)** | 다산(多産)의 여신이며 아제 신들의 어머니 여신. 결혼의 수호신. 오딘과 함께 지상을 돌아다니며 사람들의 가정에 행운을 가져다준다. 발더와 회두르의 어머니이고, 이따금 프라야와 동일시된다. 그녀의 상징물은 매로 변신시켜 주는 옷이다. 금요일(Friday, Freitag)은 그녀의 이름을 따른 것이다

- **핌불(Fimbul, 거대한 겨울)** | 여름이 없이 삼 년간 계속된 겨울. 서리와 차가운 폭풍을 동반하는 엄청난 자연재해로, 라그나뢰크가 시작되었음을 알리는 표지 중 하나이다.

| ㅎ |

- **하이드룬(Heidrun)** | 발할의 지붕에서 이그드라실을 뜯어먹고 사는 염소. 아인헤리들에게 계속해서 꿀술을 주어 그들이 죽지 않게 해준다.

- **하임달(Heimdall, Heimdallr, 밝게 빛나는 자)** | 수호신이며 거인 자매인 아홉 파도의 아들. '신들의 파수꾼'이며 경고자로 비프뢰스트의 아스가르트 쪽을 지킨다. 뿔나팔 기얄라르를 불어서 라그나뢰크의 시작을 알린다. 마지막 싸움에서 로키와 맞붙는다.
- **하티(Hati)** | 세계가 멸망할 때에 달을 삼키는 늑대.
- **함디르(Hamdir)** | 구드룬과 요나쿠어의 아들. 쇠를리와 함께 의붓누이 슈반힐트의 죽음에 복수하기 위해 요르문레크 왕에게 갔다가 돌에 맞아 죽는다.
- **헤르모트르(Hermodhr)** | 신들의 심부름꾼. 오딘과 프리크의 아들이며 발더와 회두르의 형제. 브라기와 함께 발할에 도착하는 아인헤리들을 맞아들이는 신이다. 프리크의 심부름꾼이 되어 오딘의 말 슬라이프니르를 타고 명부로 가, 여신 헬을 설득하여 죽은 발더를 다시 찾아오려고 한다.
- **헬(Hel, 저승)** | ① 질병으로, 또는 늙어서 죽은 자들이 머무는 곳. 죽은 신들도 헬의 영역으로 간다. 헬은 지하세계인 니플하임에 속한다. 그욜 강 위에 놓인 그얄라르 다리의 마지막 격자 울타리를 지난 존재는 다시 돌아오지 못한다. 기독교가 들어온 이후 헬은 죄인들이 형벌을 받아 머무는 곳, 즉 지옥으로 바뀌었다. ② 죽은 자들의 여신. 헬을 지배하는 여신. 로키와 거인 여인 앙그르보다 사이에서 태어난 딸로, 펜리스 늑대와 미트가르트 뱀의 누이이다.
- **회그니(Högni)** | 군나르, 구드룬, 구토름의 형제.
- **회니(Höni, 물의 신), 회니르(Hönir), 훈(Huhn)** | 오딘 및 베(또는 로두르)와 함께 최초의 인간 아스크르와 엠블라를 만들고 그들에게 명료한 이해력과 감정을 준 신이다. 아제 신들과 바네 신들의 평화협상 끝에 미미르와 함께

볼모가 되어 바네 신들에게로 간다.

- **회두르(Hödur, 전사)** | 눈먼 신. 인간을 겉모습이 아닌 내면의 가치에 따라 판단한다. 오딘과 프리크의 아들이며 발더의 동생이다. 로키의 사주를 받아 겨우살이 가지를 발더에게 쏘아 그를 죽인다. 라그나뢰크가 지난 다음 회두르와 발더는 다시 돌아와 화해하고 새로운 세계를 통치한다.

- **후긴(Huginn, 생각)과 무닌(Muninn, 기억)** | 오딘 신을 따라다니는 까마귀. 언제나 골똘히 생각하고, 모든 것을 기억하는 오딘의 특성을 반영한다. 그 밖에 한 쌍의 늑대인 프레키와 게리도 오딘 신을 따라다닌다.

- **흐라이트마르(Hreidmar)** | 수달의 아버지. 마법에 능한 농부. 아들을 죽인 대가로 황금보화를 신들에게서 얻지만 곧바로 다른 아들의 손에 죽는다.

- **흐롤프 크라키(Hrolf Kraki)** | 곰 가죽을 덮어쓰고 싸우는 베르제르커 용사들을 거느린 덴마크 왕.

- **흐룽니르(Hrungnir, 허풍쟁이)** | 뇌우 거인. 천둥 신 토르와 결투를 벌인다. 토르는 간계를 써 흐룽니르를 죽이지만 그 자신도 머리에 돌 조각이 박힌다.

- **흐베르겔미르(Hwergelmir, 펄펄 끓는 솥)** | 헬의 왕국에서 강물이 기원하는 샘. 이그드라실의 뿌리 하나가 이곳으로 뻗어 있다. 죽은 자들의 용인 니트회크르가 사는 곳이다.

- **흘리츠키얄프(Hlidskialf, 망루)** | 아스가르트에 있는 오딘의 옥좌. 아홉 세계를 굽어볼 수 있다.

- **히미르(Hymir)** | 얼음바다의 거인. 티르의 아버지로 하늘의 가장자리에 산다. 아제 신들의 술을 빚기 위해 큰 솥을 구하는 과정에서 토르가 그를 때려죽인다.

- **히요르디스(Hiördis)** | 아일리미(Eilimi) 왕의 딸. 지그문트의 아내이자 지구르

트의 어머니.

◆ **힌들라**(Hyndla, 강아지) | 동굴에 사는 거인 여인. 늑대를 타고 다니며, 모든 혈통에 대한 지식을 갖고 있다. 일종의 발라.

출전에 대하여

북유럽 신화의 여러 이야기는 그 대부분이 《에다(*Edda*)》라고 불리는 출전문서에서 나온 것이다. 《에다》는 크게 두 종류가 있다. 첫째, 《옛 에다》는 800년에서 1200년 사이에 이름이 알려지지 않은 시인들이 쓴 시 40편을 모아놓은 것이다. 그 중 앞의 16편은 신들의 운명을, 뒤의 24편은 영웅들의 운명을 노래한다. 둘째, 《새 에다》 또는 《스노리 에다》는 스노리 스투를루손(Snorri Sturluson)이 1220년 무렵에 쓴 작품이다.

출전이 되는 문서가 이렇게 뚜렷하게 존재하는데도 북유럽 신화에는 접근하기 어려운 몇 가지 문제가 있다. 맨 먼저 언어의 문제이다. 두 가지 《에다》는 모두 아이슬란드에서 쓰인 것이다. 당연히 옛 아이슬란드 말로 쓰였다. 더욱 구체적으로는 875년에서 930년 사이에 아이슬란드 섬을 점령했던 바이킹족의 말이다. 이것은 크게 보아 북부 게르만어의 일종인 스칸디나비아 계열 언어의 한 분파이다. 오늘날에는 아무도 쓰는 사람이 없는 말로, 옛 아이슬란드, 노르웨이, 스웨덴, 덴마크 말 등이 섞여서 만들어진 것이다.

둘째로, 중세의 아이슬란드는 얼마 안 되는 인구에 비해 엄청나게 많은 문학작품을 남겼다. 《에다》가 바로 대표적인 아이슬란드 문학작품이다. 그러니까 그곳에는 시인들이 상대적으로 많았고, 또 사회적으로도 중요한 계층이었음을 알 수 있다.

특히 아이슬란드의 시인(스칼데)들은 아주 독특한 시 형식을 발전시켰다. 이들이 남긴 《옛 에다》는 스칼데 특유의 독특한 형식에 따라 구성된 시문학이다. 그리고 《스노리 에다》는 젊은 스칼데들에게 옛 스칼데의 문학 전통을 올바르게 가르치기 위해서 스노리가 쓴 작품이다. 그는 《옛 에다》의 이야기들을 산문으로 풀어 설명하고, 이곳저곳에서 옛 시인들이 사용한 운율과 표현법을 설명한다. 그러다 보니 우리가 재미있는 신들의 이야기를 읽으려는 자리에서 스노리는 우리의 관심과는 거리가 먼 설명을 하곤 한다.

이런 사정이 《에다》 연구를 극단적으로 어렵게 하였다. 먼저 작품에 쓰인 원어를 읽을 수 있는 사람이 많지 않은 데다, 비록 언어를 익혔다 해도 매우 특이한 형식의 문학작품을 다루어야 하기 때문이다. 중세 아이슬란드의 스칼데들은 세상 모든 것의 이름을 직접 부르는 것보다, 여러 가지 간접적인 표현법을 사용하거나 운율을 맞추는 것을 중요하게 여겼다. 우리말로 된 시도 쉽게 읽히지 않는 것들이 많은데, 낯선 언어에 낯선 이야기에 낯선 시 형식을 이용하여 수많은 간접 표현법을 사용했다는 사실을 생각한다면, 그 어려움이 어느 정도일지 짐작이 갈 것이다.

우리 책은 카를 짐로크(Karl Simrock, 1802~1876년)의 도이치 번역판 《에다(Die Edda)》를 기본 출전문서로 삼고, 그 중 특히 신들의 이야기를 다룬

부분을 주요 출전문서로 이용하였다. 그러니까 운문으로 된 《옛 에다》 1번부터 16번까지와, 〈스노리 에다〉 1부와 2부를 주요 출전으로 삼는다. 그 각각의 제목은 뒤에 따로 실었다.

짐로크의 도이치 번역판에서 《옛 에다》 부분은 완역은 아니지만 우리말로 번역이 되어 있다. 하지만 《스노리 에다》 부분은 번역판이 없다. 그리고 《에다》에 기반을 두고 쓰인 라이너 테츠너의 《게르만 신화와 전설》도 번역되어 있다. 역시 우리말로 번역된 케빈 크로슬리-홀런드의 《북유럽 신화》는 주로 신들의 이야기 부분에만 한정한 것이다. 이 책들은 각기 나름대로 상세한 해설을 싣고 있다.

하지만 북유럽 신화에 관심을 가진 독자가 이 번역서들을 집어들고 읽기 시작하면 곧바로 너무 많은 낯선 이름들에 부딪히게 된다. 게다가 앞뒤가 제대로 정리되지 않은 수많은 이야기들이 나열되어 있어, 책을 읽고 있을 때는 내용을 알 것 같다가도 읽고 나면 기억에 제대로 남지 않는 것을 거듭 경험한다. 여러 번에 걸쳐서 주의 깊게 읽고, 또 뒤에 붙어 있는 용어를 자세히 살펴본다면 어느 정도 정확한 정보를 얻을 수 있겠지만, 재미있는 신화를 본다기보다 공부하는 것 같은 느낌이 든다.

그래서 이 책에서는 이야기는 그대로 두고 전체 틀을 완전히 새로 만들었다. 그 밖에 이름의 문제가 남는다. 같은 말이라도 언어권에 따라 발음이 달라지기 때문이다. 우리 책에서는 '일러두기'에 정한 대로 도이치 발음을 기준으로 삼아 고유명사를 표기하였다. '용어 설명'에 원어를 실었으니 각자 참고할 수 있을 것이다.

우리 책이 주요 출전으로 삼은 《에다》의 부분들은 다음과 같다.

《옛 에다》

1. 여자예언자(Wala)의 예언(Völuspa)

2. 그림니르의 노래(Grimnismal)

3. 바프투르드니르의 노래(Vafthrudnismal)

4. 오딘의 까마귀 마법(Hrafnagaldr)

5. 백탐의 노래 또는 발더의 꿈(Vegtamskvida, Baldrsdraumar)

6. 하바말, 오딘의 말씀(Havamal)

7. 하르바르트(잿빛 수염)의 노래(Harbardsliod)

8. 히미르의 노래(Hymiskvida)

9. 에기르의 잔치(Oegisdrecka)

10. 트림의 노래 또는 망치 찾아오기(Thrymskvida, Hamarsheimt)

11. 알비스의 노래(Alvissmal)

12. 스키르니르의 여행(Skirnisför)

13. 그로아가 무덤에서 깨어나다(Grogaldr)

14. 푈스비트의 노래(Fiölsvinnsmal)

15. 리크르의 노래(Rigsmal)

16. 힌들라의 노래(Hyndluliod)

《스노리 에다》

제1부 | 길피 왕이 헛것을 보다

제2부 | 시예술의 언어

　　　　—브라기와 에기르의 대화

　　　　—토르와 흐룽니르의 싸움

―토르가 가이뢰트의 나라로 가다

―로키와 난쟁이들의 내기

―니플룽겐과 기우쿵겐

―메냐와 페냐(《옛 에다》 38번 〈그로티의 노래〉 포함)

―흐롤프 크라키

―회그니와 힐데

참고문헌

| 1차 문헌 |

- *Die Edda. Götterlieder, Heldenlieder und Spruchweisheiten der Germanen*, übersetzt von Karl Simrock, hrsg. von Dr. Manfred Stange, Wiesbaden: MarixVerlag, 2004.
- *Die Edda des Snorri Sturluson*, Ausgewählt, übersetzt und kommentiert von Arnulf Krause, Stuttgart: Philipp Reclam Jun., 1997.
- *The Poetic Edda: The Mythological Poems*(Selections), translated with an introduction by Henry Adams Bellows, London: New York and Oxford University Press, 1923.
- Snorri Sturluson, *The Prose Edda*, translated with an introduction and notes by Jesse L. Byock, London: Penguin Books, 2005.

| 2차 문헌 |

- Bellinger, Gerhard J., *Knaurs Lexikon der Mythologie*, München: Area, 2005.

- Bringsvaerd, Tor Age, *Die wilden Götter. Sagenhaftes aus dem hohen Norden*, übersetzt aus dem norwegischen von Tanaquil und Hans Magnus Enzensberger, München: Piper Verlag, 2005.
- Cotterell, Arthur, *Die Enzyklopädie der Mythologie*, aus englisch, Reichelsheim: EDITION XXL, 2004.
- Herrmann, Paul, *Nordische Mythologie*, Berlin: Aufbau Taschenbuch Verlag, 2004(5. Auflage). Gekürzte Fassung der Erstausgabe, erschienen im Verlag von Wilhelm Engelmann, Leipzig, 1903.
- Tetzner, Reiner, *Germanische Götter- und Heldensagen*, Stuttgart: Philipp Reclam Jun., 1997.
- Wagner, Richard, Der Ring des Nibelungen, Text mit Notentafeln der Leitmotive, Mainz: Atlantis Musikbuch-Verlag, 1997.

| 국내 문헌 |

- 라이너 테츠너, 성금숙 옮김, 《게르만 신화와 전설》, 범우사, 2002.
- 안인희, 《게르만 신화 바그너 히틀러》, 민음사, 2003.
- 임한순 · 최윤영 · 김길웅 옮김, 《에다-게르만 민족의 신화, 영웅전설, 생활의 지혜》, 서울대학교 출판부, 2006.
- 케빈 크로슬리-홀런드, 서미석 옮김, 《북유럽 신화》, 현대지성사, 2005.
- 강은교, 《풀잎》, 민음사, 1976.
- 《김춘수 시 전집》, 현대문학, 2004.
- 《미당 서정주 시 전집》, 민음사, 1983.

색인

ㄱ

가이뢰트 214~218, 220
갈라르 133, 135
강글레리 152, 154, 155
게르트 34, 76
게프욘 151, 155, 160
군뢰트 136, 139, 140
굴바이크 30, 31, 61~64, 70, 87, 94, 125, 127, 158
굴보르스테 28, 74, 76, 78, 81, 157
궁니르 71, 73, 77, 80, 101, 156
그람 116, 117
그로티 145~147, 160
그리트르 216~218, 220
그얄프 218~220
기눙가가프 15, 16, 18, 19
길링 134~136
길피 150~152, 154, 155, 160, 191
〈길피 왕이 헛것을 보다〉 154, 177

ㄴ

노트 21, 22
뇨르트 26, 32~34, 47, 84
〈니벨룽의 반지〉 41, 49, 69, 81, 102, 233
니플하임 15, 16, 22, 41

ㄷ

다그 21, 22
드라우프니르 74, 76, 78, 81, 101

ㄹ

라그나뢰크 85, 130, 154, 191, 217
란 107, 109, 202
레긴 104, 113~117, 119, 120, 233
로기 184, 188, 190
로키 65~67, 69~71, 73~77, 79~81, 86, 88, 92, 93, 96~101, 103, 104, 107, 109~111, 122, 123, 125~128, 130, 131, 157, 158, 169, 175~177, 180, 184, 185, 188, 190, 191, 203, 214~218, 222~225
루네 문자 53~55, 81, 202

ㅁ

마그니 199
메냐 145, 146, 148, 149
묠니르 74, 76, 78, 80, 99, 100, 156, 168, 169, 178, 183, 184, 216, 218, 222, 223, 227
무스펠하임 16, 19, 22

269

미메 41, 233
미미르 32, 33, 42, 43, 45~48, 50
미미르의 샘 32, 41~46, 48~51, 53
미트가르트→중간계
미트가르트 뱀 188, 191, 207, 209, 210

| ㅂ |

바그너, 리하르트 41, 49, 60, 69, 81, 102, 103, 233
바나하임 31, 32
바네 신 25, 26, 28~34, 41, 46, 47, 61, 62, 81, 83~85, 87, 103, 122, 132, 224, 231
바우기 137~139
발할 52, 59, 95, 96, 194, 223, 224
베스틀라 18
보탄 49, 52, 60, 81, 102, 233
뵈르 18~20
부리 17, 20
브라기 141, 142
브로크 73~80
브륀힐트 102
브리징가멘 29, 89, 91, 93, 94, 123, 157, 158, 224, 225, 230
비다르 216
비프뢰스트 41, 95

| ㅅ |

세계나무→이그드라실
스노리 스투를루손 103, 122, 142, 155, 209
《스노리 에다》 142, 154, 155, 177
스바딜파리 97, 99, 100
스바르트알프하임 70, 88, 125
스카디 34

스크리미르 173, 180, 182~184, 187, 191
스키트블라트니르 71, 73, 77, 78, 83, 203
슬라이프니르 100, 101, 192, 199

| ㅇ |

아스가르트 30~34, 39~41, 47, 52, 63, 65~67, 71, 73, 74, 76, 77, 84, 85, 87, 89, 91, 92, 95, 96, 98, 100, 101, 111, 122, 123, 125, 140, 142, 152, 158, 159, 172, 193, 194, 201, 203, 205, 212, 215, 216, 223, 225, 230
아우둠라 16, 17
아제 신 18, 25, 29~34, 39, 41, 46, 47, 61~63, 83~86, 91, 95, 96, 98, 104, 107, 122, 132, 133, 140, 150, 152, 154, 191, 194, 198, 203, 205, 217, 223, 224
아홉 파도 92, 109, 203
안드바리 102, 107, 109, 111, 113, 157~160
알베리히 41, 60, 102
알비스 230, 231, 233~235
〈알비스의 노래〉 233
알프 41, 70, 230, 231, 233
야른작사 199
에기르 107, 202, 203, 212
《에다》 54, 103, 134, 157, 159, 160, 171
《옛 에다》 91, 142, 171, 180, 209, 233
오딘 18~21, 25, 29~34, 39, 41~43, 45~56, 59, 60, 62, 77, 78, 80, 81, 83~86, 93, 95~98, 101~103, 106, 107, 109~111, 114, 122, 130~133, 136~142, 144, 148, 156, 157, 159, 165~176, 192~194, 199, 201, 203, 205, 216, 217, 221, 230, 233
요툰하임 21, 39, 41, 95, 151, 177, 180,

270

191~195, 200, 214, 216, 223
우르트의 샘 41
우트가르트 173, 177, 183, 187, 190, 191
우트가르트-로키 184~188, 190, 191, 229
이그드라실 40, 41, 53, 56, 81
이둔 52, 141
이미르 16~21, 233
이발디 70, 71, 73, 74, 76, 77
이빨 가는 염소 169, 205
이빨 부딪치는 염소 169, 205

| ㅈ |

잿빛수염 171~175, 229
주퉁 136~140
중간계 24, 39, 41, 66, 87, 88, 95, 133, 188
지구르트 103, 114~121, 159
지그문트 114
지크프리트 102, 103, 114, 233
〈지크프리트〉 41, 233
지프 65, 67, 69, 70, 77, 91, 174, 175, 194
지혜의 샘→미미르의 샘
진드리 73~77

| ㅋ |

크바지르 132~134, 136, 141, 159

| ㅌ |

토르 29, 30, 33, 52, 65~67, 69, 70, 77~80, 83, 86, 91, 94, 96, 99, 100, 122, 123, 130, 131, 156, 165, 167~178, 180~188, 190~201, 203, 205~207, 209~213, 215~220, 222~231, 233~235

트림 91, 94, 223~225, 227~229
트림하임 94
트얄피 174, 176~178, 180, 182, 185, 188, 190, 191, 196~198
티르 30, 203, 205, 206, 210, 211

| ㅍ |

파프니르 104, 113~115, 117, 119, 121
페냐 145, 146, 148, 149
폴크방 91, 93
프라야 26, 29, 30, 32~34, 47, 62, 65, 81, 84~89, 91~94, 96, 98, 100, 123, 157, 158, 194, 214, 222~230
프라이 26, 29, 32~34, 47, 76~78, 81, 83~85, 87, 157, 203
프로디 144~149
프리크 30, 34, 84, 85
피얄라르 133, 135

| ㅎ |

하르바르트→잿빛수염
〈하르바르트의 노래〉 171
〈하바말〉 54, 60, 104, 201, 221
하임달 30, 66, 67, 92, 93, 96, 109, 140, 203, 224, 225
회니 30, 32, 33, 46, 47, 103, 107
후기 185, 188, 190
흐라이트마르 104, 106, 111, 113, 158
흐룽니르 89, 172, 173, 177, 192~199, 201, 206, 212
흐베르겔미르 샘 41
히미르 205~207, 209~212
〈히미르의 노래〉 180, 209

안인희의
북유럽 신화 1

초판 1쇄 발행 2007년 2월 5일
초판 31쇄 발행 2019년 10월 17일

지은이 안인희
발행인 이재진 **단행본사업본부장** 김정현
편집주간 신동해 **편집장** 김경림
표지디자인 민진기 **본문디자인** 명희경
마케팅 이현은 **홍보** 박현아 최새롬
제작 정석훈

브랜드 웅진지식하우스 **주소** 경기도 파주시 회동길 20
주문전화 02-3670-1595
문의전화 031-956-7429(편집) 02-3670-1123(마케팅)
홈페이지 www.wjbooks.co.kr
페이스북 www.facebook.com/wjbook
포스트 post.naver.com/wj_booking

발행처 ㈜웅진씽크빅
출판신고 1980년 3월 29일 제406-2007-000046호

ⓒ 안인희, 2007
ISBN 978-89-01-06305-8 (04210)
    978-89-01-06304-1 (세트)

웅진지식하우스는 ㈜웅진씽크빅 단행본사업본부의 브랜드입니다.
저작권법에 의해 한국 내에서 보호를 받는 저작물이므로 무단전재와 무단복제를 금합니다.
이 책 내용의 전부 또는 일부를 이용하려면 반드시 저작권자와 ㈜웅진씽크빅의 서면 동의를 받아야 합니다.

※이 도서의 국립중앙도서관 출판예정도서목록(CIP)은 서지정보유통지원시스템 홈페이지(http://seoji.nl.go.kr)와
   국가자료공동목록시스템(http://www.nl.go.kr/kolisnet)에서 이용하실 수 있습니다.(CIP2007000295)
※책값은 뒤표지에 있습니다.
※잘못된 책은 구입하신 곳에서 바꾸어 드립니다.